DIVENTARE VEGETARIANI O VEGANI

Una guida completa di cultura e cucina veg per iniziare o capirne di più e meglio

Testi: Federica Giordani, Silvia De Bernardin, Valentina Pellegrino
Ricette: Sonia Maccagnola
Hanno collaborato: dott.ssa Luciana Baroni, dott.ssa Roberta Bartocci, dott.ssa Silvia Goggi, avv. Carlo Prisco
Fotografie: Federica Giordani, Serena Porchera, Simone Paloni
Food styling: Federica Giordani
Progetto grafico e impaginazione: Viceversamedia.it

Redazione Gribaudo
Via Garofoli, 266
37057 San Giovanni Lupatoto (VR)
redazione@gribaudo.it

Responsabile di produzione: Franco Busti
Responsabile di redazione: Laura Rapelli
Responsabile grafico: Meri Salvadori
Fotolito e prestampa: Federico Cavallon, Fabio Compri
Segreteria di redazione: Emanuela Costantini

FSC
www.fsc.org
MISTO
Carta da fonti gestite in maniera responsabile
FSC® C101934

Stampa e confezione: Grafiche Busti srl, Colognola ai Colli (VR), azienda certificata FSC®-COC con codice CQ-COC-000104

Socio Unico Giangiacomo Feltrinelli Editore srl
Via Andegari, 6 - 20121 Milano
info@gribaudo.it - www.gribaudo.it

Prima edizione: 2019 [8(C)] 978-88-580-2456-0

vegolosi.it

Federica Giordani, Silvia De Bernardin, Simone Paloni, Valentina Pellegrino
CON LE RICETTE DI Sonia Maccagnola

DIVENTARE VEGETARIANI O VEGANI

Una guida completa di cultura e cucina veg per iniziare o capirne di più e meglio

GRIBAUDO

UN VIAGGIO INSIEME

(SCARPE COMODE, MI RACCOMANDO)

A volte succede per semplice curiosità, a volte per netta e piena consapevolezza, altre per prendersi cura di sé, altre perché si ha davvero voglia di fare qualcosa di concreto per pesare di meno sul nostro pianeta: avvicinarsi alla cucina e alla cultura vegetariana e vegana è un percorso a volte non facile, ma sicuramente bellissimo e interessante.

Ci sono molti pregiudizi su questo tipo di alimentazione, ma solo perché, molto spesso, non è affatto chiaro che non si tratta solo di ciò che decidiamo di mettere nei nostri piatti, bensì di quello che decidiamo di capire meglio con la nostra testa.

Questo è il motivo per cui, ormai 6 anni fa, la redazione di Vegolosi.it ci teneva a sottolineare, sotto il suo logo colorato, che avrebbe parlato di cucina e cultura vegetariana e vegana.
La cultura non è solo ciò che impariamo, bensì quello che rielaboriamo, ciò che decidiamo di rendere nostro e che ci rende quello che siamo, ogni giorno.

Non fatevi ingannare da chi vuole a tutti i costi semplificare e dividere il mondo in verde e nero, in buoni che non mangiano la carne e cattivi che la divorano. Nessuna cultura che implichi scelte profonde come quelle alimentari e delle nostre abitudini quotidiane potrà mai essere risolta in una semplice dicotomia, in un duello fra verità. E, sia ben inteso, nemmeno questo libro vi darà la verità: quello che troverete qui è un "primo gradino" come lo chiama Tolstoj (vegetariano, scorbutico, sempre in lotta fino alla vecchiaia con la moglie anche sull'alimentazione) per poter partire alla ricerca della vostra strada personale verso la cucina e la cultura vegetariana e vegana oppure, più semplicemente, per saperne di più e rimanere della vostra idea ma provando piatti, sapori e gusti che non immaginavate essere così buoni o, di nuovo, per approfondire una scelta che avete già fatto, ma che non cessa mai di stupire e regalare novità.

Federica Giordani

Federica Giordani,
Direttore responsabile di Vegolosi.it

SOMMARIO

INTRODUZIONE A VEGETARISMO E VEGANESIMO

1

Chi sono i vegetariani? E i vegani?
Ma soprattutto, perché lo fanno?

CHI SIAMO E... DOVE ANDIAMO

Partiamo con il definire che cosa e chi sicuramente non sono vegetariani e vegani, per iniziare con il piede giusto e sfatare qualche mito.

La scelta alimentare e culturale veg non è legata a una moda, né alla ricerca di un metodo di dimagrimento rapido, né alla volontà di isolarsi in un gruppo chiuso di persone che si nutrono di cibo strano e poco gustoso, rinunciando al piacere della tavola. Le scelte vegetariana e vegana sono tali e determinano moltissimi aspetti della vita di chi le compie, ma mai possono essere intese come una rinuncia, anzi, spesso si trasformano in un arricchimento (interiore soprattutto). Non si tratta, infatti, solamente di ciò che mettiamo nel piatto, bensì dell'approccio che decidiamo di avere nei confronti di tutto quello che ci sta intorno: non solo verso gli altri animali che, come noi, popolano il pianeta o verso il pianeta stesso ma anche (e forse soprattutto) nei confronti delle persone che ci circondano. Esistono due parole molto importanti che accompagnano qualsiasi percorso di avvicinamento alla scelta vegetariana o vegana: "consapevolezza" ed "empatia".

Parliamo di "consapevolezza" quando diciamo che vegetariani e vegani hanno deciso di conoscere molto bene tutto quello che accade dietro ai loro piatti da portata, dietro alle loro borse per lo shopping, alle loro auto, o dietro a quella crema per le rughe che fa miracoli. Si tratta di imparare a conoscere e reperire informazioni indipendentemente da quel fastidioso motivetto del "Dicono tutti che..." e del "Si è sempre fatto così" (una delle espressioni più pericolose).
Le tradizioni cambiano, ce ne siamo lasciate alle spalle davvero moltissime durante la nostra storia.
Un primo suggerimento facile? Verificare, leggere e capire con la propria testa, sempre e su ogni argomento. Si fa fatica, è vero, ma è anche l'unico modo per esercitare da consumatori la vera politica, quella che determina le scelte delle grandi e piccole aziende. Il mercato siamo noi.
Seconda parola, dicevamo, "empatia": letteralmente questo termine di origine greca significa «sentire dentro», ossia percepire attraverso la propria sensibilità sentimenti e sensazioni dell'altro (un altro che può essere, ovviamente, un uomo o un animale non umano). Si tratta di una caratteristica che fa parte di noi: un uomo totalmente privo di empatia è difficile che si possa definire pienamente "uomo", poiché è portato a compiere azioni prive di consapevolezza e di attenzione verso gli altri.

Una parola che invece va immediatamente abolita dal nostro lessico quando ci informiamo sulla scelta veg è "rinuncia": non esiste rinuncia quando c'è scelta. La rinuncia alla carne o ai derivati animali non è una caccia al sostituto o al feticcio che ci permetta di non sentire la nostalgia per la nostra vera natura di carnivori impenitenti (cosa che non siamo): si tratta, e lo scopriremo in queste pagine, di un ampliamento incredibile dei nostri orizzonti culinari (e non solo). Lo chef stellato e vegetariano Pietro Leeman ha detto: «La scelta vegetariana non è una limitazione, bensì un'espressione di libertà».

VEGETARIANI

I vegetariani sono coloro che scelgono di non mangiare carne proveniente da qualsiasi tipo di animale oltre che di evitare il consumo di prodotti che possano causare in modo diretto l'uccisione di esseri viventi. L'etimologia e la storia di questa parola sono antiche e le vedremo nel dettaglio dopo. I vegetariani, quindi, non mangiano carne (ovviamente compresa quella della fauna ittica che, per qualche motivo, non sempre viene considerata parte del mondo animale), non mangiano formaggi che siano stati realizzati con caglio animale, non mangiano prodotti contenenti strutto o realizzati con colla di pesce (estratta sempre da scarti di lavorazione della carne) ed evitano anche i prodotti contenenti olio di palma poiché la sua produzione sta determinando gravi danni all'ambiente e alla fauna delle foreste pluviali. I vegetariani, in base a quello che scelgono di includere nella propria alimentazione, si possono dividere anche in:

- **LATTO-OVO-VEGETARIANI:**
chi mangia sia prodotti caseari che uova.

- **LATTO-VEGETARIANI:**
chi sceglie di non mangiare le uova ma di consumare prodotti a base di latte.

Il caglio è una sostanza acida necessaria alla coagulazione del latte. Il caglio può avere diverse origini: animale, vegetale, microbica. Il caglio animale è estratto dallo stomaco di vitelli, ovicaprini lattanti o maiali. Il caglio vegetale può essere tratto da alcune piante, come il cardo. Esiste poi il caglio microbico, estratto da una muffa.

VEGANI

Chi decide di escludere dalla propria alimentazione qualsiasi alimento di origine animale o che determini con la sua produzione l'uccisione, la sofferenza, lo sfruttamento e l'imprigionamento di animali, si definisce "vegano" o "vegetaliano". Il termine ha un'etimologia recente e una storia interessante e complessa, ma ne riparleremo meglio dopo.
La scelta vegana non può essere fatta alla leggera, soprattutto se la si vuole vivere con coerenza. Le industrie

contemporanee utilizzano ingredienti di origine animale in moltissimi prodotti di uso comune: dalle caramelle gommose alla colla per i mobili, da cosmetici e profumi ad alimenti semplici come lo zucchero... e persino in alcuni tipi di porcellana e ammorbidenti. Le sigle con cui individuare queste componenti ci sono (quasi sempre), ma come immaginerete riuscire a mantenere uno stile di vita totalmente vegano in ogni aspetto della propria vita oggi può risultare complicato, anche se non impossibile. La cosa più intelligente da fare è, una volta presa la propria decisione, cercare di fare il possibile per informarsi su quello che si sta mangiando, indossando e usando, per poter trovare il proprio equilibrio.
Essere vegani significa, inoltre, seguire uno stile di vita e di pensiero non violento basato essenzialmente sul concetto di antispecismo.
Ovviamente anche pelle, pellicce e seta sono da evitare, così come le attività che determinano sofferenza animale come gli obsoleti circhi, gli ancor più terribili zoo, le corride, gli spettacoli acquatici con delfini e orche e gli stessi acquari, feste e sagre con protagonisti gli animali: in questo caso l'assoluta non necessità di queste attività fa sì che chi segue una scelta e un'alimentazione veg si batta per far cessare queste tradizioni, destinate a scomparire.

Dicevamo dell'etimologia di questa parola, quindi: il padre del veganismo fu l'inglese Donald Watson, a cui dobbiamo la nascita, nel 1944, della Vegan Society a Londra e del termine che conosciamo. Più nello specifico Watson, già appartenente alla Vegetarian Society, negli anni '40, dopo aver adottato un nuovo orientamento alimentare che escludeva latte, uova, formaggio e qualsiasi altro derivato animale, coniò il termine "vegan", ossia una riduzione della parola *vegetarian*, di cui rimasero solo le prime tre e le ultime due lettere e che metaforicamente stava a indicare "l'inizio e la fine del vegetarianesimo".

L'antispecismo è una presa di posizione filosofica che decide di spostare l'uomo dal vertice di una piramide da lui stesso creata, in base alla quale il resto dei viventi sono solo strumenti da utilizzare al fine di migliorare la propria esistenza. In sintesi è sbagliato pensare di poter utilizzare qualsiasi altro animale al fine del soddisfacimento dei bisogni umani, poiché l'uomo è erroneamente posto al vertice, alienato dalla natura di cui, però, fa parte. Il primo autore a parlare di "specismo" fu lo psicologo Richard Ryder.

LE ALTRE SCELTE

Da vegetarismo e veganesimo traggono spunto anche altri stili alimentari. Ovviamente l'elenco che segue rimane nell'ottica della necessità di definire per capire meglio, senza però diventare uno steccato ideologico e pratico.

REDUCETARIANI: si tratta di un approccio che prevede una diminuzione importante del consumo di carne e derivati, senza però eliminarli del tutto dalla propria alimentazione.

VEGETARIANI E VEGANI, IN BREVE

COSA MANGIA UN VEGETARIANO?		OK, E UN VEGANO?
SÌ	FRUTTA & VERDURA	SÌ
SÌ	SEMI & NOCI	SÌ
SÌ	LEGUMI	SÌ
SÌ	CEREALI & PANE	SÌ
NO	CARNE & PESCE	NO
SÌ	LATTE E DERIVATI	NO
SÌ	UOVA	NO
SÌ	MIELE	NO

DI QUANTE PERSONE STIAMO PARLANDO?

IL 5,4 % DELLA POPOLAZIONE È VEGETARIANA

L'1,9 % È VEGANA

= **4.4 MILIONI** DI PERSONE IN ITALIA NEL 2018

FONTE: Dati Eurispes - Rapporto Italia 2019

Questo progetto, portato avanti dal ricercatore della Columbia University, Brian Kateman, ha come obiettivo quello di proporre uno stile di vita che impatti il meno possibile sull'ambiente, sulla nostra salute e sugli animali, allargando però la forbice di azione anche a chi non se la sente di eliminare del tutto i prodotti di origine animale dalla propria dieta.

MACROBIOTICI: la macrobiotica è una filosofia di origine orientale che si basa essenzialmente sulla necessità da parte dell'uomo di vivere in armonia con il resto del creato cercando di mantenere l'equilibrio tra forze in opposizione, definite yin e yang (chiamate anche "occhiali magici"), che in alimentazione si trasformano in cibi acidi come latte, spezie, frutta, yogurt (yin) e in cibi alcalini come carne, pesce e uova (yang).
La macrobiotica, perciò, non esclude la carne dalle proprie indicazioni alimentari ma ne limita e ne regola il consumo. Particolare attenzione in questa scelta, le cui fondamenta furono poste da Yukikazu Sakurazawa, filosofo ed esponente della medicina tradizionale giapponese morto nel 1966, viene posta sul consumo di alimenti integrali e sulle modalità di preparazione e cottura degli alimenti (si prediligono, per esempio, cotture veloci o al vapore che evitano il più possibile la dispersione di nutrienti importanti).

CRUDISTI: è un regime alimentare che si distingue per un unico grande comandamento, non cuocere il cibo. Questo perché l'alimentazione umana nasce cruda e tale deve rimanere, in quanto il calore, come tecnica di lavorazione del cibo, rappresenta un'innovazione recente che, nella maggior parte dei casi, rende meno disponibili per il nostro organismo nutrienti importanti, oltre a inibire la percezione della sazietà. Il crudista, quindi, mangia cibi crudi, germogliati, fermentati oppure disidratati a una temperatura che non deve superare mai i 42 °C. Alla base di questa alimentazione troviamo prevalentemente verdura, frutta, noci e semi.

FRUTTARIANI: basandosi sull'idea che la dieta più naturale per l'uomo sia legata alla raccolta e al consumo dei frutti (intesi nel senso botanico del termine), nonché sull'idea di non nuocere a nessuna forma di vita (piante comprese), i fruttariani o fruttaliani consumano solo frutti che vengono suddivisi in frutti ortaggio (come melanzana, zucchina, cetriolo, pomodoro e peperone), frutti dolci (come mele, pere, pesche), amari (come il pompelmo), grassi (come l'avocado) e infine aspri (come il cedro e il lime). Ci sono molte definizioni e sottogruppi nei fruttariani che dipendono essenzialmente dalle motivazioni della scelta (ovviamente a base vegana) e anche dalle figure storiche di riferimento. Uno dei mentori dell'alimentazione fruttariana fu Arnold Ehret, morto nel 1922, ideatore e studioso anche del sistema di guarigione della dieta senza muco.

LE MOTIVAZIONI DELLA SCELTA VEGETARIANA E VEGANA

Prima di entrare nel dettaglio delle motivazioni che possono spingerci ad avvicinarci all'alimentazione e alla cultura veg, vediamo alcuni consigli (molto pratici) per poter iniziare con le giuste basi.

- Chiarite bene a voi stessi i motivi per cui state iniziando questo percorso: più le motivazioni sono salde nella vostra testa più sarà facile intraprendere la strada.

- Iniziate dalla cucina, ovviamente: forse ci dimentichiamo che la piramide alimentare umana non vede alla base né la carne, né il latte e i formaggi. La vostra alimentazione si basa già (o almeno dovrebbe) su cereali, legumi, frutta e verdura. Partite da lì: aumentatene il consumo e preferite le forme integrali a quelle raffinate.

- Niente panico: le carenze nutrizionali che si imputano alla scelta vegetariana o vegana sono carenze di cui, in realtà, può soffrire anche chi segue un regime onnivoro. La cosa migliore è imparare che ferro, proteine, vitamine e grassi "buoni" esistono anche nel mondo vegetale, come scopriremo nei prossimi capitoli. L'unico punto a cui prestare particolare attenzione è la vitamina B_{12}, che non è presente nel mondo vegetale: esistono alimenti addizionati o integratori specifici, e anche di questo parleremo meglio più avanti.

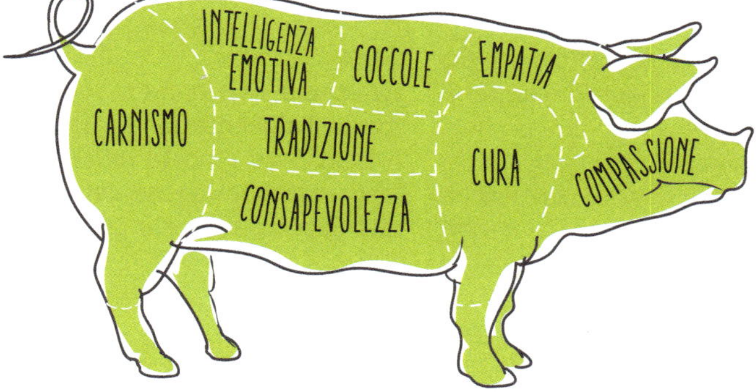

- Prendetevi un po' in giro: fare una scelta significa essere fermi, non intransigenti. Se qualcuno, con garbo, vi prende in giro, state al gioco. La non violenza nel piatto è non violenza anche verbale, dei comportamenti e degli atteggiamenti, in più l'autoironia è un bellissimo modo per affrontare ogni cosa.

LA SCELTA ETICA

Questo sarà un paragrafo complicato, perché il termine "etica" ha talmente tanta storia alle spalle che poterlo affrontare in maniera completa è quasi impossibile.
Partiamo da un tentativo di definizione al contrario: se la scelta di diventare vegetariani o vegani si basa sulla volontà e sul tentativo di non partecipare a un sistema di produzione e commercio che individua gli animali non umani solo come "macchine metaboliche" per produrre cibo, materiale per oggetti (vestiti, arredamento) o intrattenimento (circhi, zoo, acquari), se la spinta che ci muove è quella di esserci resi conto che mangiare carne e derivati animali non è necessario, così come non lo è metterci una pelliccia o andare al circo, rendendo assolutamente non necessarie, quindi, le violenze inaudite a cui vengono sottoposti gli animali definiti "da reddito", e infine, se la molla che ci muove è una fortissima empatia verso il dolore (e anche la gioia) di altri esseri viventi che sono semplicemente diversi da noi nella forma ma non nella sostanza e quindi non certo inferiori, allora si può parlare di una scelta veg di carattere etico.
Il presupposto necessario è quello di cambiare punto di vista: l'uomo non è a capo della natura, ne fa parte. Ha caratteristiche di razionalità e pensiero incredibili, certo, ma il suo metro di giudizio rispetto al resto dei viventi non può partire dalle sue caratteristiche. Un detto africano dice che se giudichiamo l'intelligenza di un pesce dalla sua capacità di arrampicarsi su un albero, quel pesce sarà certamente stupido. Che cosa ci ha posto, quindi, nelle condizioni di credere che una mucca, un tonno, una gallina, un toro, un agnello o un maiale siano a nostra disposizione per essere mangiati o sfruttati? In base a quali parametri giudichiamo la loro sofferenza meno importante e condizionante della nostra?

Si tratta solo di una questione culturale. È facile capirlo con un esempio: sappiamo che in Asia il consumo della carne di cane è una consuetudine, come da noi quella di pollo, per esempio. Sta di fatto che questo abito culinario ci fa rabbrividire: come mai? Per la nostra cultura il cane (così come il gatto) è un animale d'affezione con il quale veniamo a contatto molto spesso e, in alcuni casi, con il quale condividiamo parte della nostra vita. Mucche, maiali e galline invece no, sono sempre rimasti in un ambito "agricolo" e separato, soprattutto per tutte quelle generazioni per le quali il contatto con la filiera alimentare è solo un ricordo. Ci sentiamo lontani da questi animali, ma non certo perché non siano capaci di dimostrarci il loro affetto o di essere ottimi compagni di strada, bensì perché la nostra cultura e la tradizione li hanno relegati in quella posizione.

Alla base di queste considerazioni si trova una teoria psicologica e filosofica definita "carnismo" che è stata delineata dalla psicologa americana Melanie Joy: «Il carnismo è quel sistema di credenze che ci condizionano nel mangiare certi animali senza pensare a cosa stiamo facendo, ma solo perché il sistema che sottende questo comportamento è invisibile».

Un'ulteriore prova a supporto della motivazione etica per una scelta veg è legata al fatto che la maggior parte di coloro che mangiano carne (e derivati) ne ignorano completamente il processo di produzione: «Non voglio vedere il video dei macelli, poi non dormo per una settimana e non mangio più» è una delle risposte più frequenti che si possono sentire quando si chiede a qualcuno di capire esattamente che cosa significa "industria della carne". Sono 5.000 gli animali che vengono macellati ogni secondo nel mondo (dati rilevati dall'associazione Animal Equality e basati su statistiche della FAO), una cifra che non include nemmeno la fauna ittica.

Cercare di mostrare la propria presa di posizione rispetto a questa realtà può passare anche attraverso la tavola e i consumi quotidiani. Questo, anche se solo in parte, significa scelta etica.

ALIMENTAZIONE VEG E SPORT

L'alimentazione veg rappresenta la scelta ottimale per gli sportivi perché in grado di garantire il giusto apporto di nutrienti richiesti dalla pratica sportiva, anche agonistica. Ecco allora qualche consiglio utile:

- *i carboidrati sono il nutriente principale: consumateli dopo lo sport in modo da reintegrare gli zuccheri persi con l'allenamento;*
- *preferite alimenti integrali ad alta densità di nutrienti, senza il ricorso a stimolanti come zucchero e cereali raffinati, e cibi ad alto rendimento energetico netto, come i vegetali colorati e a foglia verde, che non richiedono eccessivo dispendio di energia per essere digeriti;*
- *per soddisfare il fabbisogno proteico richiesto dall'allenamento è sufficiente fare ricorso a un equilibrato apporto di legumi, meglio se associati ai cereali integrali che ne completano il profilo nutrizionale;*
- *a colazione consumate con regolarità frutta secca e semi oleosi: per chi pratica sport sono una fonte imprescindibile di proteine, minerali, acidi grassi essenziali e vitamine.*

LA SCELTA SALUTISTA

È la seconda in Italia: moltissime persone decidono di eliminare la carne (e anche i derivati animali nel caso dei vegani) per migliorare il proprio stato di salute. Ma come mai? Il 26 ottobre 2015 l'Organizzazione Mondiale della Sanità ha dichiarato che il consumo di carne rossa è probabilmente cancerogeno per gli esseri umani, anche se per il momento non vi sono prove scientifiche evidenti a riguardo: in teoria, quindi, c'è un'alta probabilità che la carne abbia collegamenti con questa patologia, ma al momento la comunità scientifica internazionale non può fornire prove. Le prove sono invece sufficienti per poter affermare lo stesso per la carne processata, ossia quella che nel corso del suo percorso industriale subisce processi come salatura, stagionatura, fermentazione, affumicamento o altre tecniche per dare più sapore e migliorare la conservazione. Su un collegamento tra questi tipi di alimento e alcune forme di tumore, quindi, le prove sono più evidenti. Insaccati, würstel, bacon e pancetta sono inseriti tra gli alimenti sicuramente cancerogeni per l'essere umano e si trovano nella categoria "Gruppo 1: carcinogeni umani certi". Ovviamente questo è solo uno dei motivi per cui sempre più persone hanno deciso di diventare vegetariane o vegane.

La realtà è che la piramide alimentare umana, che vede alla base cereali, frutta e verdura (e un buon consumo di acqua) e solo al suo vertice il consumo di carne e derivati, viene spesso disattesa: nella nostra epoca il consumo di proteine di origine animale e di grassi saturi è aumentato a dismisura diventando, per alcune famiglie, un appuntamento quotidiano.

L'alimentazione a base di frutta e verdura di stagione, insieme al consumo di legumi e cereali integrali, diventa, quindi, determinante. Ci sono delle controindicazioni nel diventare vegetariani o vegani? Qui citiamo una delle più importanti e autorevoli fonti in tema di nutrizione, ossia la American Dietetic Association che scrive: «Le diete vegetariane correttamente pianificate, comprese le diete totalmente vegetariane o vegane, sono salutari, nutrizionalmente adeguate e possono fornire benefici per la salute nella prevenzione e nel trattamento di alcune patologie.
Le diete vegetariane e vegane ben pianificate sono appropriate per individui in tutte le fasi del ciclo vitale, inclusi gravidanza, allattamento, prima e seconda infanzia, adolescenza, e per gli atleti».

LA SCELTA AMBIENTALISTA

Anche se non tutti lo sanno, la nostra alimentazione ha un impatto molto forte sull'ambiente. Non stiamo parlando degli involucri di quello che consumiamo (non solo), e nemmeno delle emissioni di anidride carbonica di camion, treni e navi che trasportano il cibo che poi acquistiamo. Parliamo dell'allevamento intensivo.
Nel 2006 la FAO (l'Organizzazione delle Nazioni Unite per l'alimentazione e l'agricoltura) ha pubblicato un documento intitolato *Livestock's long*

shadow in cui si parla espressamente delle conseguenze sull'ambiente degli allevamenti: «Le attività zootecniche hanno un impatto significativo su quasi tutti gli aspetti dell'ambiente» si legge «tra cui l'aria e il cambiamento climatico, la terra e il suolo, l'acqua e la biodiversità».

Nel 2012 la FAO ha creato con gli allevatori "Livestock Partnership", per «migliorare le prestazioni ambientali del settore zootecnico» e fare da guida nelle valutazioni di impatto ambientale e loro conseguenti applicazioni.

Ma in che modo questo accade?
Quello che viene definito in economia "tasso di conversione", per la carne è il più squilibrato: ci vogliono circa 15.000 l di acqua per produrre 1 kg di carne. Inoltre, sempre secondo i dati FAO, «il bestiame da allevamento è la fonte più importante di emissioni di metano antropico con 86 milioni di tonnellate all'anno». A tutto questo va aggiunto il processo di disboscamento delle grandi aree verdi del mondo per creare spazio a coltivazioni di mais e soia per l'alimentazione degli animali, che determina l'estinzione di circa 110 specie animali al giorno. Per non parlare degli scarti e dei rifiuti (organici e non) prodotti dagli allevamenti: ogni giorno i rifiuti di una fattoria con 2.500 mucche corrispondono a quelli di una città di 400.000 abitanti.
Anche la condizione dei mari è allarmante: ogni anno vengono pescate 90 milioni di tonnellate di pesce. Per ogni mezzo chilo di pesce pescato, 2 kg circa di specie marine selvatiche e non destinate al commercio vengono catturate e uccise nelle reti: la chiamano "pesca collaterale". Inoltre, negli allevamenti servono dalle 3 alle 5 tonnellate di pesce piccolo (pescato in mare) per produrre una tonnellata di salmone. Nel 2008 il 23% di tutto il pesce pescato era costituito da piccoli pesci per produrre farina da utilizzare negli allevamenti: in sintesi, un quinto del pescato mondiale viene usato per nutrire altri pesci.
L'organizzazione internazionale no-profit Sea Shepherd ha stimato che, di questo passo, con la percentuale di sovrasfruttamento dei mari arrivata al 71%, e circa 405 aree marine definite "morte", gli oceani saranno vuoti entro il 2048.

Questi sono solo alcuni dati: molti non sono stati mai calcolati e forse non lo saranno mai. Sta di fatto che essere ambientalisti oggi non può distaccarsi in nessun modo da una ferma e consapevole presa di coscienza rispetto alle conseguenze della nostra alimentazione e, senza dubbio, un buon motivo per cambiare le nostre tradizioni a tavola è anche legato a che cosa vogliamo realmente fare per la tutela dell'ambiente.

Con "sovrasfruttamento dei mari" si intende che le specie pescate non vengono sostituite da altri nuovi nati e che, quindi, si va progressivamente verso l'esaurimento delle specie.

UN PASSO INDIETRO PER FARE UN PASSO AVANTI: STORIA DELLA CULTURA VEG

Una delle più grandi stupidaggini che possiate sentire o leggere in giro sulla cultura e l'alimentazione vegetariana e vegana è che si tratti di una decisione dettata dalla moda del momento. La questione morale, sociale, economica, ambientalista e filosofica del mangiare oppure no altri animali, o di sfruttarli per scopi umani, è antica, perché ha sempre fatto parte della natura dell'uomo.

DA PITAGORA A GANDHI

IN GRECIA • Sono in molti a considerare Pitagora come l'ideatore del vegetarianismo. Filosofo, matematico, astronomo, scienziato e politico greco vissuto tra sesto e quinto secolo avanti Cristo, di lui Ovidio scrisse nella sua opera *L'Asino d'oro*: «Egli per primo si scagliò contro l'abitudine di cibarsi di animali».
Qualche secolo più tardi, ben 1965 anni fa, Plutarco, un giovane scrittore, studioso di filosofia e di retorica, studente di Platone, scriveva una delle sue opere più importanti, i *Moralia*, all'interno della quale affronta il tema dell'alimentazione a base carnea e il rapporto uomo/animale: "È davvero difficile, come diceva Catone, parlare al ventre che non ha orecchie. Si è bevuta la pozione dell'abitudine. Non è semplice estrarre l'amo del mangiar carne conficcato com'è nella brama del piacere".

O!

«Finché gli uomini massacreranno gli animali, si uccideranno tra di loro. In verità, colui che semina il seme del dolore e della morte non può raccogliere amore e gioia.»

Pitagora, filosofo e scienziato greco del VI secolo a.C.

VEGETARIANI E CRISTIANESIMO • Tertulliano, teologo eterodosso vissuto a cavallo tra secondo e terzo secolo, teorizzava il vegetarianismo nel primo cristianesimo sostenendo che, giacché i mangiatori di carne sprofondano nei piaceri di salse e condimenti, essenziale diveniva il non provare piacere nel mangiare, tanto che alcuni si cibavano in piedi o camminando.

San Francesco, vissuto tra il 1182 e il 1226 e ancora oggi considerato il santo patrono degli animali e dell'ambiente, era ovviamente vegetariano; non predicava però questa scelta alimentare, sebbene la consigliasse: nessun obbligo di astenersi da carne e pesce, ma ogni individuo era libero di prendere questa decisione per poter avere una ascesi più elevata. Infine non possiamo non citare San Francesco di Paola, definito "il santo vegano". Egli fondò nel 1435 l'Ordine dei Minimi e la sua Regola prevedeva la totale astinenza da carne e derivati come latte, uova e formaggi, salvo in caso di malattia. San Francesco di Paola morì nel 1507 all'incredibile età di 91 anni.

IL VEGETARIANESIMO NEL XVI SECOLO • Se Erasmo da Rotterdam criticava la caccia e sosteneva altresì l'importanza della felicità naturale degli animali legata all'indisciplina, pur non parlando mai apertamente di abitudini alimentari, in maniera più netta Michel de Montaigne chiedeva all'uomo – nella sua *Apologia di Raimond Sebond* – di domandarsi su quali basi si fondassero «i grandi privilegi che crede di avere sulle altre creature». Pochi decenni dopo, il cappellaio Roger Crab – arruolatosi nella New Model Army, esercito organizzato da Oliver Cromwell – lasciò la sua bottega distribuendo il ricavato ai poveri e affittò una fattoria isolata con un campicello: nella sua idea, il consumo di carne era un lusso nonché la causa del rialzo dei prezzi, cosa che non poteva far altro che aggravare la povertà. Per questo è considerato il primo storico sostenitore del vegetarianismo stretto ma anche il primo promotore di questa condotta, che un certo successo ebbe tra i suoi fedelissimi. Qualche anno dopo, il vegetariano Cartesio riteneva che una dieta priva di alimenti animali fosse più salutare perché la carne non è adatta ai meccanismi fisiologici del corpo umano, cosa che stabilì con esperimenti condotti su se stesso: «Dio non poteva volere la sofferenza di creature innocenti», diceva. C'è anche da ricordare però che Cartesio sosteneva gli esperimenti sugli animali e il fatto che fossero al pari di "macchine" e che non provassero dolore.

ERASMO DA ROTTERDAM

Uno dei primi ricettari dedicati alla cucina vegetariana fu scritto da un uomo di chiesa, Padre Gaspare delle Piane, che scrisse Cucina di strettissimo magro *nel 1880 con l'obiettivo, come lui scrive: «di riempire un gran vuoto osservato da lungo tempo nell'arte culinaria».*

IL SETTECENTO VEG • Nel Settecento ci fu un primo boom della scelta vegetariana, promossa da alcuni medici in tutta Europa: in Svezia, per esempio, la sostenne Linneo, mentre in Francia c'era Louis Lémery, figlio del notissimo chimico Nicolas. Anche il medico della famiglia reale inglese John Arbuthnot era sostenitore di questo stile di vita. Anche in Italia ci furono personaggi che appoggiarono queste idee: il principale fu Antonio Cocchi, secondo cui l'uomo non è di natura carnivoro e quella che oggi potremmo definire "alimentazione latto-vegetariana" è in grado di «guardare la presente sanità del corpo e di ristabilire la perduta». A fine secolo, l'ex militare e giornalista scozzese John Oswald – diventato vegetariano durante un suo viaggio in India – tornò in patria esponendo le sue idee in fatto di alimentazione: scrisse anche dei volumi in cui sperava che con la Rivoluzione Francese si potesse porre fine al dominio dell'uomo sulle altre specie, cosa che sarebbe – nella sua idea – sfociata in un cambio delle abitudini alimentari dei popoli. La scelta vegetariana per lui era un semplice sentimento naturale, ma anche una presa di posizione morale e politica.

OTTOCENTO • In questo secolo nasce la parola "vegetariano".

Il dottor William Lambe, professore all'Università di Cambridge, si impose in tutta Europa con la sua scelta di applicare una sorta di regime "vegetariano terapeutico" a vari suoi pazienti, cosa che negli anni gli permise di raccogliere una discreta casistica. In Inghilterra, il noto esponente dei democratici Thomas Erskine, già divenuto Lord Cancelliere della Corona, era fiero sostenitore del benessere degli animali tanto da proporre alla Camera dei Lord, nel 1809, una legge che proibisse la crudeltà verso tutti gli animali domestici che venivano «considerati come beni, privi di diritti e quindi di protezione giuridica». La legge venne poi bocciata e ci vollero altri tredici anni prima di avere una norma che rendesse reato il maltrattamento di bovini, cavalli e pecore, pur senza riconoscere diritti agli animali e punendo le violazioni con pene pecuniarie modeste: il "primo firmatario" fu il parlamentare Richard Martin. Il dibattito che si aprì nella terra di Sua Maestà fece sì che si creasse, il 30 settembre 1847, nella cittadina di Ramsgate nel Kent, il primo movimento veg della storia. Era la Vegetarian Society, che tre anni dopo aprì una "filiale" negli Stati Uniti. In questa occasione nacque, di fatto, il termine "vegetariano". Nei suoi primi anni, i movimenti veg legarono molto con quelli femministi, tanto che sono numerose le protagoniste associate a entrambe le idee: le più importanti furono Mary Wollstonecraft, Harriet Beecher Stowe, Margaret Fuller e Lydia Maria Child.

Un capitolo a parte spetterebbe a Gandhi, cresciuto vegetariano per l'usanza della casta dei mercanti dell'India occidentale da cui proveniva. Di fatto, questa fu la prima causa per la quale si batté, visto che divenne prima membro e poi dirigente della Vegetarian Society. La teoria della "non violenza" è alla base di molte considerazioni etiche delle scelte vegetariana e vegana.

1930 e fu uno strenuo oppositore del fascismo. Segretario della Normale di Pisa, Capitini con i suoi pasti in mensa cercava di opporre una protesta silenziosa e non violenta al regime. Jeremy Bentham, Tom Regan, Peter Singer, Will Tuttle, Jeremy Rifkin, Jeffrey Moussaieff Masson, Melanie Joy e, in Italia, Leonardo Caffo fanno parte, invece, della corrente antispecista che si oppone alla volontà di attribuire valore morale e status giuridico diverso in base alla specie di appartenenza.

IL QUADRO CONTEMPORANEO: COSA SUCCEDE ORA?

La nascita del termine "vegano" è recente, come ricordavamo poche pagine fa: il padre fu l'inglese Donald Watson.
In Italia non possiamo non citare il professor Luigi Lombardi Vallauri, filosofo del diritto, vegano, uno dei maggiori studiosi del tema del diritto animale. Sempre in Italia troviamo nel 1952 Aldo Capitini, che fonda in quell'anno la Società vegetariana italiana. Capitini, scomparso nel 1968, fu uno dei primi filosofi a portare nel nostro Paese il pensiero non violento di Gandhi. Diventò vegetariano nel

ARTE, LETTERATURA, MUSICA: PERSONAGGI VEG

Sottolineare il fatto che grandi personaggi storici, precursori, innovatori o geni nel proprio settore abbiano seguito per tutta la vita o per parte di essa uno stile di vita vegetariano o vegano è solo un piccolo vezzo che ci permettiamo di sottolineare per mostrare, ancora una volta, come essere vegetariani e vegani non sia una tendenza ma una riflessione consapevole. Ne citeremo solamente alcuni di calibro storico e internazionale, accanto a tutti coloro di cui abbiamo parlato nelle pagine precedenti, senza aver la pretesa di creare un elenco completo.

LEV TOLSTOJ (1828 - 1910)

scrittore

Divenne vegetariano a 47 anni e su questa scelta etica scrisse *Il primo gradino*. Per difendere la sua scelta litigò con la moglie e con il figlio, arrivando anche ad allontanarsi da casa in un viaggio durante il quale perse la vita.

TIZIANO TERZANI (1938 - 2004)

giornalista

Divenne vegetariano dopo un lungo percorso spirituale e personale. Nelle sue memorie e nel libro *La fine è il mio inizio* spiega: «Come è possibile allevare la vita per poi mangiarsela?».

FRANZ KAFKA (1883 - 1924)

scrittore

Divenne vegetariano nel primo decennio del Novecento in seguito a una ricerca spirituale volta all'approfondimento del giudaismo.

MARGHERITA HACK (1922 - 2013)

astrofisica

È stata vegetariana fin dalla nascita, perché i suoi genitori lo erano. È stata una delle menti più brillanti della scienza italiana nonché un'ottima sportiva. Fu campionessa universitaria di salto in lungo.

LE QUESTIONI NUTRIZIONALI

Con il contributo di Luciana Baroni, medico, nutrizionista e presidente della Società Scientifica di Nutrizione Vegetariana, e di Silvia Goggi, medico chirurgo e nutrizionista specializzata in alimentazione a base vegetale.

2

Fra dubbi e miti da sfatare,
scopriamo insieme ciò che c'è da sapere
per una scelta veg equilibrata

IL PIATTO VEG

Il Piatto Veg rappresenta graficamente un insieme di linee guida, a cura della Società Scientifica di Nutrizione Vegetariana, pubblicate e riconosciute a livello internazionale, per una corretta alimentazione a base vegetale.

Il Piatto Veg è formato da 6 gruppi di alimenti che vanno introdotti quotidianamente nella dieta: cereali, cibi ricchi di proteine, grassi, frutta, verdura, frutta secca e semi oleosi. Fra questi gruppi vanno individuati gli alimenti ricchi di calcio e di omega-3.
Il Piatto Veg è basato sulla dieta mediterranea, un regime alimentare in grado di garantire un corretto equilibrio nutrizionale. Tutti i gruppi alimentari, consumati in diverse quantità a seconda del proprio fabbisogno, sono in grado di garantire l'apporto di tutti i nutrienti. Nel Piatto Veg si tiene conto anche della stagionalità e della biodiversità degli ingredienti, suggerendo il consumo di quelli integrali che conservano al meglio le proprie caratteristiche nutrizionali.

Ecco alcune raccomandazioni.

- Evitate i cereali raffinati e i loro derivati e preferite cibi integrali a basso indice glicemico e ricchi di fibre.

- Utilizzate grassi "buoni", cioè grassi vegetali insaturi, come l'olio extravergine d'oliva, la frutta secca e i semi oleosi e assicuratevi di consumare cibi ricchi di omega-3 come l'olio di semi di lino.

- Utilizzate spezie ed erbe aromatiche per diminuire la quantità di sale utilizzato; usate solo una piccola quantità di sale iodato.

- Variate il più possibile gli alimenti da consumare nell'arco della settimana.

Facciamo un esempio.
Le porzioni di cibi ricchi di proteine e di verdure sono valide per qualsiasi fabbisogno calorico e sono rispettivamente 3 e 6 porzioni giornaliere.

Cambia, invece, al cambiare del fabbisogno calorico il numero di porzioni degli altri gruppi alimentari.

Se consideriamo un regime alimentare di 1.600 calorie giornaliere, le porzioni di cereali sono 8, quelle di frutta fresca 1,5 e altrettante quelle di frutta secca, mentre sarà necessaria 1 porzione di grassi.

UNA PORZIONE EQUIVALE A...

CEREALI

Cereali in chicco (riso, orzo, mais, frumento, farro, grano Khorasan, avena, segale, miglio, quinoa)	cotti 80 g, crudi 30 g
Cereali pronti per la colazione	30 g *
Farine	30 g
Latte di cereali	200 ml *
Pane, cracker, fette biscottate, grissini integrali	30 g
Pasta, cuscus, bulgur	cotta 80 g, cruda 30 g
Patate (sono verdure ma assimilate ai cereali)	120 g

CIBI RICCHI DI PROTEINE VEGETALI

Cibi a base di glutine combinati con legumi o farina di legumi	30 g
Latte di soia	200 ml
Legumi	cotti 80 g, crudi 30 g
Tofu o tempeh	80 g
Yogurt di soia	125 ml

VERDURA

Succo di verdura	100 ml
Verdura cotta e cruda	100 g

FRUTTA, FRUTTA SECCA E SEMI OLEOSI

Frutta secca o semi, crema di frutta secca e di semi	30 g
Frutta fresca, cotta o a pezzetti / succo di frutta	1 frutto medio (150 g) / 150 ml

GRASSI

Semi di lino	circa 10 g da macinare
Semi di chia	15 g
Olio, maionese, margarine morbide	5 g (1 cucchiaino)
Noci sgusciate	30 g (circa 6 noci)

** se arricchito con calcio*

FONTE: www.piattoveg.info

VEG PER TUTTI? GRAVIDANZA, BAMBINI E ANZIANI

Il tema dell'alimentazione vegetariana e vegana in fasi particolari della vita, come la gravidanza, la prima infanzia e la vecchiaia, è delicato e importante. Esistono certamente dei punti fermi suffragati da studi e affermazioni di medici e nutrizionisti, ed è di questi che scriveremo. Rimane chiaro che nessun libro, per quanto approfondito, può sostituire il consulto con un medico esperto.

GRAVIDANZA

Una dieta latto-ovo-vegetariana o vegana ben pianificata è adatta anche a un periodo delicato della vita di una donna qual è la gravidanza. A sostenerlo sono alcune delle più importanti istituzioni mondiali che si occupano di alimentazione, come l'American Dietetic Association e la Società Italiana di Nutrizione Umana, che più volte negli ultimi anni hanno ribadito l'adeguatezza di tale regime alimentare durante la gravidanza e l'allattamento.

Ovviamente, entrambe queste fasi richiedono apporti nutrizionali differenti rispetto a quelli normali in considerazione delle esigenze di crescita del bambino, ma anche del mantenimento di uno stato di salute ottimale per la mamma. Anche se è da sfatare il mito secondo il quale in gravidanza si debba "mangiare per due", è indubbio che durante i nove mesi il fabbisogno energetico della donna aumenti. Un incremento che è stato stimato in 260 kcal al giorno nel secondo trimestre e 500 kcal giornaliere nel terzo trimestre e durante l'allattamento. È importante che tale aumento venga soddisfatto attraverso il consumo di cibi in grado di apportare i nutrienti giusti, in modo particolare proteine. Il fabbisogno di proteine, infatti, è quello che maggiormente aumenta durante la gravidanza (nel terzo trimestre, per esempio, per ogni 100 kcal aggiuntive giornaliere necessarie, ben 23 devono provenire proprio da proteine). Anche il fabbisogno di ferro in gravidanza è particolarmente elevato. Al di là del ricorso a possibili integratori, il consumo di alimenti ricchi di ferro e gli abbinamenti per favorirne l'assorbimento risultano particolarmente utili.

Per quanto riguarda gli altri nutrienti, particolare attenzione va posta alla vitamina B_{12} che, per assicurare un sano sviluppo del bambino, deve essere costantemente monitorata e integrata in gravidanza dalle mamme vegane e, a seconda delle situazioni personali, anche da quelle vegetariane. In linea generale, il ricorso a integratori, come quelli di omega-3 e vitamina D che vengono spesso prescritti dal medico in gravidanza, dovrà tenere conto del fatto che molti di questi prodotti contengono estratti di origine animale. Se si segue un'alimentazione di tipo vegano, quindi, bisognerà fare maggiore attenzione e scegliere un integratore vegan. Inoltre, è bene ricordare che gli integratori multivitaminici che contengono più nutrienti, tra cui anche vitamina B_{12}, non sono sufficienti ad apportarne in quantità adeguate.

A livello pratico, il suggerimento per la gravidanza, ma anche per la fase dell'allattamento, è quello di fare piccoli spuntini ripetuti nel corso della giornata più che pochi pasti principali, in modo da favorire i processi digestivi. In caso di nausea, molto frequente nel primo trimestre di gestazione, acqua e limone, tisane allo zenzero e acidulato di umeboshi possono contribuire ad alleviare il disturbo. In generale, meglio evitare cibi fritti, accompagnare le verdure con riso e pasta e tenere a portata di mano al momento del risveglio pane e cracker. Per indicazioni più specifiche e consigli di menu giornalieri per la gravidanza, vi rimandiamo agli approfondimenti in bibliografia.

BAMBINI

Ancora una volta facciamo riferimento alla posizione ufficiale della Academy of Nutrition and Dietetics, una delle più importanti istituzioni mondiali sul tema della nutrizione, che sostiene: «Una dieta vegetariana o vegana ben pianificata è adatta a tutte le età della vita». Dal 1977, inoltre, l'American Academy of Pediatrics, la società medico-scientifica più importante del mondo, afferma che la scelta veg è da ritenersi, se ben pianificata, sicura e che è in grado di fornire vantaggi per la salute umana. Come abbiamo visto, la Società Scientifica di Nutrizione Vegetariana ha stilato delle linee guida per l'alimentazione a base vegetale nel bambino dallo svezzamento in poi. Partiamo da questo per specificare, quindi, alcuni punti molto importanti relativi all'alimentazione veg per i più piccoli.

Lo svezzamento a base vegetale è possibile, anzi, nei primi 2-3 anni di vita dovrebbe essere l'alimentazione raccomandata essendo la più fisiologica e quindi la più salutare. La questione è legata all'assunzione da parte dei bambini del loro cibo fisiologico, ossia il latte materno (o quello formulato a base vegetale e senza proteine animali, fatte salve le considerazioni sulla salute della mamma che abbiamo visto precedentemente). Il resto dell'alimentazione dei più piccoli, in fase di svezzamento, deve tenere conto della composizione del latte materno, e fornire quindi grassi, poche proteine e meno fibra possibile. La scelta dei cibi solidi da offrire ai più piccoli va fatta in ragione del loro contenuto di ferro, minerale di cui hanno più bisogno durante lo svezzamento.

Detto questo, sono molti i genitori che decidono di far seguire ai propri figli una scelta alimentare a base vegetale anche se loro stessi non sono né vegetariani né vegani: questo perché le famiglie comprendono che un'alimentazione corretta e priva del classico eccesso di proteine dovuto a carne e

formaggi significa un investimento in salute per il futuro del bambino.
È assolutamente necessario che la mamma e il bimbo vengano seguiti negli aspetti nutrizionali da un pediatra esperto in nutrizione o da un nutrizionista che non si basi solamente sulle prescrizioni di base ma che abbia una conoscenza approfondita della scienza dell'alimentazione, materia che nelle università italiane, ma anche del resto del mondo, rimane ai margini come ore di insegnamento totali nei corsi di medicina. È quindi necessario scegliere molto bene il pediatra a cui affidarsi e, come genitori, informarsi il più possibile.

ANZIANI

La cosa importante in questa fascia d'età è la qualità della vita, e la scelta vegetariana o vegana è certamente un buon viatico; è ovvio, però, che se la scelta è fatta in tarda età non può certamente fare miracoli. Anche in questo caso la cosa più importante è una corretta pianificazione della dieta veg, che non comporta nessun rischio, anzi, può essere funzionale alla prevenzione di alcune patologie croniche e legate anche allo scorrere del tempo come il diabete, le malattie cardiovascolari, l'obesità e il sovrappeso.

MENU VEG A SCUOLA: È UN DIRITTO

A cura dell'avv. Carlo Prisco

Un menu vegetariano o vegano per i figli a scuola, per motivi etici, è diritto di ogni genitore, poiché espressione di principi costituzionali fondamentali, libertà di pensiero, di educare la prole, e (specie se vegani) tutela della salute. Per un corretto esercizio del diritto occorre dare comunicazione alla scuola della propria scelta alimentare fin dall'iscrizione: la forma scritta, pur se non vincolante, è utile accorgimento in caso di controversie. Spesso viene richiesta certificazione medica: ciò non solo non può essere imposto, ma è addirittura contrario alle linee di indirizzo per la ristorazione scolastica del Ministero della Salute (2010), ove si legge che: «Vanno assicurate anche adeguate sostituzioni di alimenti correlate a ragioni etico-religiose o culturali. Tali sostituzioni non richiedono certificazione medica, ma la semplice richiesta dei genitori».
Inoltre il Ministero ha diramato una nota integrativa alle linee di indirizzo in cui segnala che i Comuni «impropriamente sconsigliano una dieta vegetariana e vegana» contravvenendo con quanto stabilito.
Meglio evitare i compromessi, come associare a un'alimentazione fondamentalmente vegana l'uso di derivati animali: ciò può minare la fondatezza del principio etico che la costituzione tutela.
Spesso la scuola rinvia alla ASL, o addirittura al fornitore dei pasti, ma l'unico soggetto responsabile è il Comune, in caso di scuola pubblica, oppure l'istituto stesso, se scuola privata.
Ove l'ente si rifiuti i genitori potranno in primo luogo formulare una diffida formale, direttamente o a mezzo di avvocato. Ove ciò non fosse sufficiente è possibile arrivare alle vie legali per ottenere la tutela necessaria; tante più prove scritte saranno disponibili, tanto maggiore sarà la probabilità di vedere riconosciute le proprie ragioni davanti al giudice: per questo motivo è opportuno lasciare copiose tracce scritte di ogni richiesta e/o contatto intercorso.

La cosa principale da tenere a mente è sempre la varietà dei cibi che si portano in tavola: cereali, cibi proteici di origine vegetale, verdura, frutta, frutta secca e semi oleosi e grassi, il tutto da consumare possibilmente in forma integrale o minimamente trasformata.
È importante fare attenzione a limitare e scegliere i grassi, con particolare riguardo alle fonti di omega-3 (fornite dal gruppo della frutta secca) e assicurarsi adeguate assunzioni di calcio, vitamina D e vitamina B_{12}. Il fabbisogno di proteine negli anziani è un po' più elevato rispetto a quello degli adulti, ma si tratta di quantità facilmente raggiungibili poiché è sempre preferibile ricavare il nostro fabbisogno proteico da fonti vegetali, e non c'è bisogno di conteggiare le proteine assunte per verificare di assumerne abbastanza: se la quantità di calorie della nostra dieta soddisfa il nostro fabbisogno calorico, assumiamo automaticamente anche la quantità di proteine necessarie. Infatti, a eccezione della frutta, tutti i cibi vegetali (verdura inclusa) presentano una densità proteica superiore a quel 10% dell'energia da proteine che viene raccomandato in una dieta equilibrata.

Per la vitamina D l'approccio è lo stesso da adottare per la popolazione generale, e cioè va integrata a 600 UI (Unità Internazionali) al giorno, che diventano 800 dopo i 75 anni. Il ferro non è un problema se si rispettano le assunzioni di latticini, che se eccessive possono compromettere le assunzioni di ferro. Per la vitamina B_{12}, secondo le linee guida americane tutti i soggetti sopra i 50 anni dovrebbero ricavarla da una forma cristallina (ovvero da un integratore da fonte batterica): questo perché nell'anziano è comune la *food-cobalamin malabsorption*, cioè l'incapacità di liberare la proteina dai cibi che la contengono, che compromette lo stato della vitamina B_{12} anche in presenza di adeguate assunzioni dietetiche.

Gli accorgimenti, quindi, se si decide dopo i 60 anni di passare da un'alimentazione onnivora a una vegetariana o vegana sono quelli di un'attenzione generale alla pianificazione dei nutrienti, espandendo anche il proprio orizzonte culinario che, soprattutto negli anziani, è spesso molto legato alla tradizione.

COME ASSIMILARE I NUTRIENTI: TECNICHE E PREPARAZIONE

Utilizzare le giuste tecniche di preparazione e di cottura degli alimenti è funzionale ad aumentare la biodisponibilità dei nutrienti, ovvero la quantità di nutrienti derivanti dall'alimentazione che l'organismo è realmente in grado di assorbire e utilizzare al di là di quella introdotta. Scopriamole insieme.

AMMOLLO E COTTURA

Negli alimenti vegetali possono essere presenti antinutrienti, ovvero sostanze che costituiscono fattori di protezione per le piante, ma che possono ostacolare i processi digestivi e l'assorbimento di nutrienti fondamentali per l'organismo come vitamine e minerali. È il caso, per esempio, dei fitati o delle saponine, delle lectine o ancora degli inibitori di proteasi o amilasi pancreatiche, enzimi necessari alla digestione. Per questo motivo, quando si cucina è consigliabile fare ricorso a pratiche di preparazione che distruggano gli antinutrienti.

Nel caso dei legumi secchi, un'ottima modalità per eliminare i fitati è l'ammollo prima della cottura in 3 parti di acqua per 1 parte di legumi, per 8-12 ore per i legumi più piccoli e fino a 24 ore per quelli più grandi, possibilmente cambiando l'acqua almeno una volta. Dopo l'ammollo i legumi vanno sciacquati sotto acqua corrente avendo l'accortezza di buttare l'acqua di ammollo contenente gli antinutrienti. Per facilitarne ulteriormente la digestione è bene cuocere i legumi lentamente in abbondante acqua non salata con l'aggiunta di un pezzettino di alga kombu o spezie e semi carminativi come il rosmarino, la salvia, l'alloro o i semi di finocchio. Anche per i cereali in chicco è consigliato l'ammollo in acqua per almeno 8 ore (fa eccezione il grano saraceno, il cui ammollo non deve superare i 10 minuti). Il modo migliore per cucinarli è quello per assorbimento, lasciando cioè che i chicchi assorbano l'acqua di cottura piuttosto che scolandoli. In questo caso, la proporzione consigliata è 2 parti di acqua per 1 parte di cereali.

GERMOGLIAZIONE

I vegetali germogliati sono un concentrato di nutrienti ad alto valore energetico. A questo processo, facile da ottenere anche in casa, possono essere sottoposti moltissimi alimenti, a partire dai legumi quali ceci, lenticchie e soia verde, che possono essere consumati germogliati anche crudi, risultando altamente digeribili.

Anche cereali e pseudocereali in chicco, come grano, riso, quinoa, grano saraceno e grano khorasan, semi come le mandorle, i semi di girasole e quelli di ravanello possono essere fatti germogliare. In generale, la germogliazione aumenta in maniera esponenziale il contenuto di vitamine e minerali disponibili per l'assorbimento e contribuisce all'eliminazione degli antinutrienti.

FERMENTAZIONE

La fermentazione, pratica antica di preparazione e conservazione degli alimenti, è una tecnica molto utile a garantire una buona assimilazione dei nutrienti, oltre che una migliore digeribilità dei cibi, con effetti positivi anche sulla funzionalità intestinale grazie all'azione probiotica svolta dagli alimenti ottenuti attraverso questo procedimento. Si tratta di un processo chimico che, azionato da lieviti o batteri, trasforma la materia prima in un nuovo prodotto. È il caso, per esempio, dello yogurt a partire dal latte vaccino e dal latte di soia, ma anche del pane, grazie all'azione svolta dal lievito di birra. Per quanto riguarda i vegetali, sono molti gli alimenti di origine orientale ottenuti dalla fermentazione della soia che, per le loro virtù nutrizionali, è bene inserire in un'alimentazione di tipo vegetariano o vegano.
Parliamo, per esempio, del miso, un condimento tradizionale giapponese ottenuto dai fagioli di soia con l'aggiunta di cereali, e del tempeh, conosciuto anche come "carne di soia" per l'elevato contenuto proteico. Fra gli alimenti fermentati troviamo anche l'amasake, un dolcificante prodotto dalla fermentazione del riso o di altri cereali, le prugne giapponesi umeboshi e il kimchi, piatto della tradizione coreana fatto con verdure fermentate grazie a sale e spezie. Ci sono poi le bevande fermentate, come il kefir ottenuto dall'acqua o dal latte di soia o di riso, e il kombucha, ricavato a partire dal tè nero o da quello verde, dal gusto acidulo e frizzantino. Anche molte varietà di verdura possono essere sottoposte a fermentazione: è il caso, per esempio, dei crauti. Potete trovare molti di questi alimenti fermentati al supermercato o nei negozi di prodotti etnici.
È bene tuttavia leggere attentamente le etichette per accertarsi che siano ottenuti attraverso un processo accurato di fermentazione. In alcuni casi potete anche cimentarvi con l'autoproduzione. Per quanto riguarda il pane, la lievitazione naturale con pasta madre facilita l'assorbimento dei nutrienti, oltre a rendere i prodotti da forno più digeribili.

PRATICHE UTILI

Associare tra loro alcuni alimenti può favorire l'assimilazione dei minerali, come nel caso del ferro. Moltissimi sono gli alimenti vegetali che ne sono ricchi: i legumi, i semi di zucca, il germe di grano, la frutta secca, le verdure a foglia scura (cime di rapa, spinaci, carciofi), le crucifere e i germogli ottenuti da semi di diverse piante. Si tratta tuttavia di "ferro non eme", in parte meno biodisponibile, per esempio, di quello contenuto nella carne.

Per questo, abbinare gli alimenti nel modo giusto favorisce l'assorbimento di questo tipo di ferro, leggermente meno assimilabile anche per la presenza dei fitati contenuti nei vegetali. Se avete quindi necessità di aumentare la biodisponibilità del ferro che assumete con l'alimentazione, ricordatevi che:

- è buona norma condire le verdure con il limone o aggiungere alle insalate miste gli agrumi: la vitamina C favorisce infatti l'assorbimento del ferro;

- meglio evitare l'abbinamento dei cibi vegetali che contengono ferro con quelli ricchi di calcio, come i latticini, e preferire acque a basso contenuto di calcio, perché quest'ultimo ne contrasta l'assorbimento;

- è bene evitare l'associazione nel pasto anche con tè, cacao, spezie e vino rosso;

- i legumi sono ricchissimi di ferro, in modo particolare le lenticchie: meglio scegliere quelle già decorticate (meno fibre, maggior capacità di assorbimento). In generale, l'ammollo, la germogliazione e la fermentazione aiutano a ridurre il contenuto di fitati contenuti nei legumi, favorendo così un maggior assorbimento di ferro;

- è buona abitudine accompagnare i pasti con centrifugati possibilmente di sola verdura, meglio se fresca e biologica: non contenendo fibre, le verdure della bevanda facilitano ulteriormente l'assorbimento del ferro, dei minerali e delle vitamine;

- abbinamenti ottimali per favorire l'assimilazione del ferro sono, per esempio, gli spinaci conditi con il limone o abbinati alle patate (oppure crudi in insalata con frutta secca e semi), o ancora la pasta con i broccoli o il riso con le lenticchie.

Anche la corretta assimilazione del calcio è influenzata dagli abbinamenti dei cibi che portiamo in tavola:

- tra i fattori che maggiormente influiscono sulle perdite di calcio ci sono le diete a elevato contenuto di sodio e proteine. In modo particolare, le proteine animali sono responsabili di perdite di calcio maggiori rispetto a quelle vegetali. Inoltre, una dieta basata su cibi vegetali e a basso contenuto proteico diminuisce il fabbisogno di calcio rispetto a quello necessario in un'alimentazione ricca di proteine animali;

- il consumo di sostanze quali caffeina e alcol incide negativamente sulla capacità dell'organismo di assorbire calcio.

GLI ERRORI DA EVITARE

Soprattutto nella fase di passaggio da un'alimentazione onnivora a una dieta latto-ovo-vegetariana o vegana è importante evitare alcuni errori comuni quali:

- sostituire gli alimenti di origine animale in modo prevalente con i carboidrati attraverso il consumo eccessivo di pasta, pane e pizza: questi alimenti saziano e danno energia, ma sono poveri di nutrienti quali proteine e ferro. Meglio puntare da subito su un corretto bilanciamento con verdure, legumi e frutta;
- eccedere nel consumo di grassi, soprattutto se si opta per un'alimentazione vegetariana che prevede il consumo di formaggio; è importante scegliere grassi di qualità: olio extravergine di oliva, avocado, noci e frutta secca, olio di semi di lino, latte di mandorla senza zucchero;
- inserire nell'alimentazione quotidiana troppa soia e prodotti derivati, che devono invece essere alternati a tutti gli altri cibi in maniera equilibrata;
- acquistare prodotti industriali trasformati e già pronti come crocchette, burger, creme e sughi vegani: cereali integrali, verdure fresche di stagione e legumi, meglio se biologici, cucinati in casa e ben combinati tra di loro sono sufficienti a garantire all'organismo ciò di cui ha bisogno.

VITAMINA B_{12}: CHE COS'È E DOVE SI TROVA

La vitamina B_{12} è uno dei grandi quesiti, insieme a ferro e proteine, che rendono spesso difficile l'approccio alla scelta veg. Ma non ci sono spauracchi che non possano essere combattuti con una corretta informazione.

La vitamina B_{12}, detta anche cobalamina, è essenziale per l'organismo di tutti gli animali, uomo compreso, perché è indispensabile per la sintesi degli acidi nucleici e il metabolismo di proteine e lipidi. In natura viene prodotta esclusivamente da alcuni microrganismi, principalmente batteri del terreno, e nessun animale è in grado di produrla autonomamente. Le sue fonti dietetiche sono rappresentate dai cibi animali (grazie soprattutto agli integratori che vengono somministrati agli animali da allevamento) e dai cibi vegetali addizionati con B_{12}. Per questo motivo, nessun cibo vegetale che non sia addizionato rappresenta una fonte affidabile di vitamina B_{12} perché le piante non la producono.

LA B_{12} PER LATTO-OVO-VEGETARIANI E VEGANI

Garantire all'organismo il giusto apporto di vitamina B_{12} non è difficile, anche se non si mangiano cibi animali che la contengono, perché è sufficiente assumere cibi addizionati che forniscano durante 2-3 pasti al giorno un totale di almeno 3 mcg quotidiani di B_{12} o un integratore ricavato da fonte batterica. È bene ricordare che le quantità di vitamina B_{12} necessarie all'organismo non sono raggiungibili attraverso il consumo di latticini e uova. Per chi segue un'alimentazione vegetariana o vegana la B_{12} è importante anche perché contribuisce a mantenere bassi i livelli di omocisteina nel sangue, un aminoacido prodotto dall'organismo con il metabolismo delle proteine, i cui livelli elevati sono stati messi in correlazione con patologie quali tumori e malattie cardiovascolari.

IL FABBISOGNO

Negli adulti il fabbisogno di B_{12} viene soddisfatto dall'assunzione durante la giornata, in più pasti, di circa 3 mcg di vitamina. In una dieta vegetariana o vegana tale apporto può essere raggiunto, per esempio, attraverso 3 porzioni giornaliere di adeguate fonti di B_{12} quali 250 ml di latte di soia fortificato, 30 g di cereali fortificati per la colazione, 40 g di altri cibi fortificati. Se il numero di assunzioni si riduce, aumenta la quantità da assumere per soddisfare il fabbisogno. Quindi l'assunzione una volta al giorno dovrà essere di 10-25 mcg, ma è possibile assumere anche 2 volte alla settimana 1.000 mcg, per un totale di 2.000 mcg alla settimana.

GLI INTEGRATORI

Non esistono integratori di B_{12} da fonte animale. Tutti gli integratori di B_{12} si ottengono da sintesi batterica e possono quindi essere assunti senza problemi da chi segue un'alimentazione latto-ovo-vegetariana o vegana. Il vantaggio degli integratori è che possono essere assimilati facilmente anche da chi ha problemi di assorbimento. È preferibile utilizzare integratori nella forma sublinguale perché attraverso questa via l'assorbimento è più efficace.

LE ALGHE E LA B_{12}

Contrariamente a quanto si ritiene nell'opinione comune, le alghe non sono una fonte affidabile di B_{12}, perché contengono prevalentemente analoghi inattivi, che non hanno azione biologica nell'uomo, e possono addirittura ostacolare l'assorbimento della vitamina B_{12} attiva.

CARENZE

Esistono 4 stadi di carenza di B_{12}, ma solamente nell'ultimo stadio compaiono segni clinici, che risultano tardivi rispetto ai segni ematici indicativi di carenza quali la riduzione dei livelli di vitamina B_{12} e l'elevazione dei livelli di omocisteina nel sangue. In tutte le situazioni di rischio potenziale (che in gran parte prescindono dal tipo di dieta e dipendono per lo più da deficit di assorbimento) questi segni vanno ricercati prima che compaiano le manifestazioni cliniche. Nei vegetariani i sintomi di carenza sono quasi sempre solo a carico del sistema nervoso e possono manifestarsi con depressione, disturbi della memoria, formicolii e perdita di forza agli arti, mentre negli onnivori si sviluppa anche anemia macrocitica.

PER GLI ONNIVORI

Può incorrere in una carenza di vitamina B_{12} anche chi segue un'alimentazione onnivora, perché la presenza nella dieta della vitamina non è condizione sufficiente per scongiurarne la carenza. Infatti, per poter essere utilizzata, la vitamina deve essere assorbita. In tutta la popolazione, al di là del regime alimentare seguito, possono essere presenti condizioni che ne compromettono l'assorbimento.
È il caso soprattutto degli anziani, ma non solo: anche chi soffre di gastrite o assume farmaci antiacidi e i soggetti che assumono metformina (un farmaco molto utilizzato per la cura del diabete e di situazioni in cui è presente un'insulino-resistenza) può andare incontro a carenza.

IN GRAVIDANZA

Le donne in gravidanza che seguono un'alimentazione latto-ovo-vegetariana o vegana devono assumere la vitamina B_{12} in dosi lievemente superiori. Ovvero: 5 mcg assunti in totale al giorno, ma in più riprese da varie fonti alimentari; 20-50 mcg in unica assunzione giornaliera da un integratore (se in compresse deve essere masticato prima di essere deglutito); 3.000 mcg a settimana, in 3 assunzioni da 1.000 mcg, da un integratore sublinguale. Inoltre, devono assicurarsi che i loro livelli ematici di vitamina B_{12} siano superiori a 360 pg/ml, equivalenti a 266 pmol/L, perché solo la vitamina presente nel sangue può passare al feto e nel latte.

FERRO: DOVE TROVARLO E COME ASSIMILARLO

Presente in ottime quantità anche nel regno vegetale, il ferro non è un problema per chi sceglie un'alimentazione veg. Scopriamo in quali alimenti è presente e come assimilarlo al meglio.

Siamo cresciuti con il mito degli spinaci ricchi di ferro. In realtà non sono gli unici alimenti vegetali che ne contengono buone quantità, anzi, non sono tra i migliori: 100 g di spinaci contengono solo 2,9 mg di ferro contro i 9,0 mg dei fagioli borlotti secchi, per esempio.

Il ferro è essenziale per il trasporto dell'ossigeno dei globuli rossi e per la formazione dei muscoli.
L'anemia da carenza di ferro è la più diffusa malattia carenziale nel mondo e ha la stessa diffusione negli onnivori e nei vegetariani, specie nelle donne in età fertile e negli atleti. Tra i dubbi più comuni, per chi segue un'alimentazione vegetariana o vegana, c'è quello relativo proprio all'assimilazione del ferro: è vero che si può assumere solo mangiando carne? Falso.
È bene intanto fare chiarezza: quando si parla di ferro, e anche di altri minerali, non è solo la quantità presente in un alimento a essere importante ma anche la sua biodisponibilità, che determina la capacità dell'organismo di assimilare quel nutriente. Il ferro si distingue tra ferro eme e non-eme: il primo ha un'alta biodisponibilità e si trova solo in alimenti di origine animale; anche il secondo si può trovare negli alimenti di origine animale ma è il solo tipo di ferro che si trova nei cibi vegetali. In natura esistono moltissimi alimenti che contengono questo minerale e la maggior parte sono da ricercarsi tra la frutta e la verdura.
Bastano pochi e piccoli accorgimenti per favorire l'assorbimento del ferro nell'alimentazione vegetariana e vegana. Le dosi giornaliere consigliate per un adulto sono di 10-20 mg al giorno, ma solo il 10% del ferro introdotto con l'alimentazione viene assorbito dal nostro organismo, per cui l'assorbimento effettivo si riduce a 1-2 mg. Buone fonti di ferro sono diversi tipi di ortaggi, i legumi, se si seguono alcune regole per la loro preparazione, i semi di zucca, la frutta secca, le verdure a foglia scura e le spezie; anche i germogli di cereali e legumi sono un alimento facile da preparare, energetico e ricco di ferro. Con pochi e semplici trucchi è possibile aumentare l'assorbimento effettivo del ferro, come avete visto nel paragrafo dedicato all'assimilazione dei nutrienti.

FERRO NEGLI ALIMENTI

Dati in mcg relativi a 100 g di prodotto edibile.

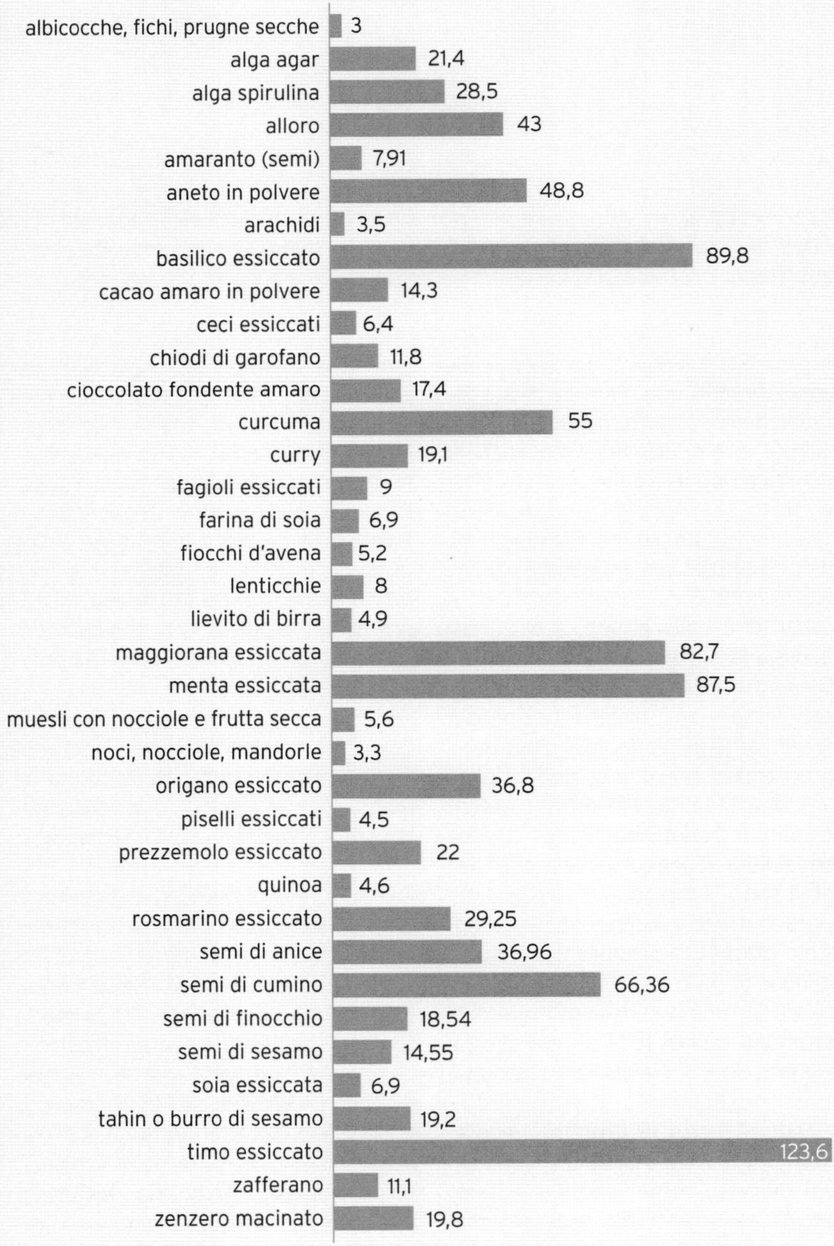

FONTI: Crea - http://nut.entecra.it/, USDA National Nutrient Database - https://ndb.nal.usda.gov

PROTEINE E AMINOACIDI NEI CIBI VEGETALI

Essere vegetariani oppure vegani non significa rinunciare alle sostanze nutritive necessarie per un'alimentazione sana e bilanciata, ricordando che il fabbisogno proteico può variare a seconda dell'età e del peso corporeo.

Le proteine, insieme a glucidi e lipidi, rappresentano uno dei macronutrienti, cioè delle sostanze nutritive essenziali per fornire energia e materiale di crescita e rigenerazione al nostro corpo. Nello specifico, le proteine sono molecole composte da aminoacidi, che possono essere immaginati come piccoli "mattoncini" necessari per la costruzione della molecola più grande, ossia la proteina. Esistono in tutto 20 aminoacidi diversi, 8 dei quali sono detti "essenziali", ovvero indispensabili per l'organismo dal momento che il corpo umano non è in grado di fabbricarli. Questi aminoacidi devono essere pertanto introdotti obbligatoriamente con la dieta. È bene ricordare che i vegetali sono l'unico organismo vivente in grado di incorporare l'azoto in molecole organiche producendo tutti gli aminoacidi: con una dieta che comprende un'ampia varietà di vegetali si assumono quindi tutti gli aminoacidi (e le proteine) di cui abbiamo bisogno.

Quando si parla di proteine vegetali non si parla solo di soia e di tutti i suoi derivati, come il tofu e il tempeh. Ci sono tanti altri alimenti che, pur non derivando dalla soia, sono da considerarsi un'ottima fonte nutritiva perché ricchi di aminoacidi essenziali e di grassi insaturi. Gli spinaci, come molte altre verdure verdi in foglia, sono ricchi di proteine, con il 51% sul totale delle calorie, circa 5 g per 100 g di prodotto, mentre i broccoli ne contengono 3 g; poi c'è la canapa con 10 g di proteine per 60 g di semi (circa 2 cucchiai), ottima fonte anche di fibre e di omega-3.

Tra i cibi ricchi di proteine ci sono la frutta secca e i semi oleosi, come le mandorle e le arachidi, che contengono 7 g di proteine per 30 g di frutta.

Tra i cereali, contengono proteine e aminoacidi importanti per la nostra alimentazione quotidiana soprattutto i cereali minori e gli pseudocereali, come quinoa e avena. Tra le molte fonti di proteine vegetali troviamo ovviamente i legumi, che non hanno nulla da invidiare ai cibi di origine animale. Sono ricchi di proteine, sali minerali, fibre e vitamine, nello specifico ferro, potassio, magnesio, fosforo e vitamina B_1; forniscono anche un im-

LE CONCENTRAZIONI PROTEICHE

Dati relativi a 100 g di prodotto

LEGUMI	soia	37 g
	ceci	19 g
	fagioli	10-24 g (dipende dalla qualità di fagiolo)
	lupini	36 g
	piselli freschi o essiccati	5 - 21 g
	lenticchie (essiccate)	22 g
CEREALI	farro	15 g
	orzo	10 g
	frumento	12 g
	riso	7 g
	miglio e grano saraceno	12 g
	quinoa	14 g
FRUTTA SECCA	pinoli	31 g
	nocciole	13 g
SEMI OLEOSI	sesamo, zucca ecc.	18 g circa
ALGHE*	alga spirulina	65 g
DERIVATI DELLA FARINA**	seitan	36 g
DERIVATI DELLA SOIA	tofu	8 g
	tempeh	18 g

** Contengono tutti gli aminoacidi essenziali equamente distribuiti*

*** Di frumento, di grano Khorasan, di farro*

portante apporto energetico e sono una buona fonte di acido folico, oltre a essere privi di colesterolo e grassi saturi. Ma conosciamo tutti i legumi che la natura ci offre? I più comuni sono fagioli cannellini, fagioli borlotti, fagioli spagnoli, fagioli neri, ceci, cicerchie, lenticchie, fave, piselli, soia, lupini, ma appartengono alla famiglia delle leguminose anche alcune piante come la ginestra, la capraggine, la liquirizia, l'erba medica, il meliloto e il fieno greco.

CIBI RICCHI DI PROTEINE

LEGUMI

- fagioli: borlotti, cannellini, dall'occhio, corona, lamon, neri messicani, rossi, pavone, bianchi di Spagna
- lenticchie: di Rodi, di Castelluccio, giganti, rosse decorticate, verdi
- soia: gialla, rossa (più propriamente chiamata fagiolo azuki), verde (più propriamente detta fagiolo mung)
- ceci (anche in forma di farina)
- cicerchie
- fagiolini
- fave
- lupini
- piselli

ALTRI CIBI PROTEICI VEGETALI

- derivati della soia: tofu, tempeh, soia disidratata, piatti pronti come hamburger e polpette vegetali
- latte vegetale: di soia, di piselli, di lupino ecc.
- yogurt: di soia al naturale o alla frutta
- gelati e dessert: budini di soia, gelati di soia
- derivati del frumento: seitan nelle sue varie forme
- mopur
- muscolo di grano

LE PROTEINE ALTERNATIVE ALLA SOIA

- **SPIRULINA**
  Questa alga contiene il 65% di proteine, una quantità decisamente rilevante tra le proteine vegetali. Infatti, 1 cucchiaino di spirulina (30 calorie) contiene 4 g di proteine. Quest'alga, inoltre, contiene ottime quantità di ferro: un solo cucchiaino fornisce infatti l'80% dell'esigenza quotidiana.
- **SPINACI**
  Gli spinaci forniscono il 44% dell'energia da proteine (circa 5 g per tazza di spinaci cotti), per sole

30 calorie su 100 grammi. Sono anche una buona fonte di ferro e vitamina C, oltre a essere decisamente gustosi.

- **CANAPA**
  È un alimento davvero prezioso: 60 g di semi di canapa (circa 2 cucchiai) contengono 10 g di proteine. È inoltre un'ottima fonte di fibre, di omega-3 e 6 e acidi grassi, che aiutano a controllare il colesterolo (a differenza di quanto accade per i grassi di origine animale, che alimentano il colesterolo cattivo).

- **BROCCOLI**
  Il confronto carne / broccoli è sulle proteine in rapporto alle calorie: i broccoli, infatti, ne contengono circa 3 g per sole 30 calorie (su circa 100 g di verdura) oltre a essere ricchi di aminoacidi, fibre e vitamina B_6.

- **MANDORLE**
  30 g di mandorle o burro di mandorle corrispondono a circa 7 g di proteine e contengono, inoltre, grassi buoni e vitamina E. Sono anche una buona fonte di calcio e forniscono discrete dosi di magnesio.

- **BURRO DI ARACHIDI**
  Il burro di arachidi è un'altra fonte di proteine interessante: due cucchiai, infatti, contengono circa 8 g di proteine.

Ci sono anche altri alimenti, come i semi di zucca, i semi di chia, le bacche di goji, ma anche avena e quinoa, che contengono proteine e aminoacidi importanti per la nostra alimentazione quotidiana.

CONSIGLI PRATICI

- I legumi secchi necessitano di ammollo prima della cottura, allo scopo sia di reidratare il fagiolo sia di inattivare i fitati, che ostacolano l'assorbimento dei minerali in essi contenuti. Meglio preferire i legumi freschi o secchi cucinati in casa a quelli in scatola o surgelati.

- Una volta lessati, i legumi si possono usare in insalata conditi con olio ed erbe, in sughi per la pasta (per esempio nella pasta e ceci), in pâté (per esempio nell'hummus), in polpette (come i falafel), in piatti con verdure (insalata con fagioli, rape e sedano; fagioli al forno con patate), accompagnati al cuscus o al bulgur. Oppure si possono preparare zuppe di legumi e cereali, o farli germogliare e utilizzarli crudi (solo alcuni si possono utilizzare in questo modo: soia, lenticchie, ceci, azuki o soia rossa, fagioli mung o soia verde).

- Tofu e tempeh vanno consumati non più di 2-3 volte la settimana, consumando a rotazione anche gli altri legumi; anche il latte di soia è da consumare in alternanza con altri latti vegetali.
- Non bisogna esagerare con i prodotti iperproteici a base di glutine di frumento (seitan e derivati) in quanto, a parte le proteine, non forniscono altri nutrienti. Un consumo corretto è al massimo una volta la settimana.

QUANTE PROTEINE NEL PIATTO?

COMBINAZIONE	PROTEINE / F.P.G.*
FRUMENTO + LEGUMI (ES. 100 G DI PASTA + 50 G DI FAGIOLI SECCHI)	22 G / 35%
SOIA, LEGUMI + FRUTTA SECCA, SEMI E CEREALI (ES. 100 G DI INSALATA + 30 G DI CECI SECCHI + 30 G DI NOCI)	16 G / 25%
SEITAN + LEGUMI (ES. 100 G DI SEITAN + 100 G DI PISELLI)	41 G / 65%
MAIS + LEGUMI (ES. TORTILLAS CON 100 G DI FARINA DI MAIS + 50 G DI FAGIOLI)	20 G / 72%

** Il fabbisogno proteico giornaliero di riferimento è quello valido per un uomo adulto, pari a 63 g di proteine al giorno. Per le donne in età adulta il fabbisogno quotidiano è di 54 g di proteine.*

CALCIO E VITAMINA D: FOGLIE VERDI E TANTO SOLE

Il calcio è il minerale maggiormente presente nell'organismo umano. È responsabile del buono stato delle ossa, ma anche di molte altre funzioni quali la trasmissione degli impulsi nervosi, la contrazione dei muscoli scheletrici e del muscolo cardiaco e la coagulazione del sangue.

Contenuto in gran parte proprio nelle ossa, il calcio può essere assunto facilmente tramite il consumo di moltissimi alimenti vegetali.
A questo proposito, è bene sapere che:

- la quantità di calcio giornaliera raccomandata, tra i 19 e i 50 anni, è di 1.000 mg al giorno (dopo i 50 anni è consigliabile arrivare a 1.200 mg giornalieri);

- il calcio viene perso continuamente attraverso il sudore, l'urina e le feci. Tali perdite vengono progressivamente compensate attingendo ai depositi di calcio contenuti nelle ossa e, a catena, con quello che assumiamo attraverso il cibo. Per questo motivo, il buono stato delle nostre ossa e delle funzioni dell'organismo collegate alla presenza di calcio dipendono in gran parte dai fattori che impediscono le perdite di calcio, oltre che dalla quantità di calcio assunta;

- tra i fattori che maggiormente influiscono sulle perdite di calcio ci sono le diete a elevato contenuto di sodio e proteine (le proteine animali sono responsabili di perdite di calcio maggiori rispetto a quelle vegetali) e l'assunzione di sostanze quali caffeina e alcol;

- la velocità con la quale il nostro organismo perde calcio dipende quindi dalla quantità e dal tipo di proteine assunte e dalle abitudini di vita: un'alimentazione impostata correttamente dal punto di vista proteico e un esercizio fisico costante sono fattori determinanti per mantenere in salute le ossa;

- seguire una dieta basata su cibi vegetali e a basso contenuto proteico fa sì che il fabbisogno di calcio risulti minore rispetto a quello di chi segue un'alimentazione eccessivamente ricca di proteine, soprattutto di origine animale;

- l'acqua è una fonte preziosa di calcio: le acque minerali a elevato contenuto di questo minerale (oltre 300 mg per litro) e povere di sodio (meno di 50 mg per litro) contribuiscono al fabbisogno giornaliero di calcio (circa 450-600 mg per 1,5-2 l di acqua, assunta preferibilmente fuori pasto);

- tra i cibi vegetali maggiormente ricchi di calcio, oltre ai latti vegetali addizionati, ci sono le verdure a foglia verde (cavolo nero, cavolo verza, cicoria, cime di rapa, spinaci, crescione, indivia, insalate), le erbe aromatiche, in modo particolare la salvia, la soia e il tahin, uno degli alimenti a maggior apporto di calcio in assoluto (860 mg per 100 g di prodotto).
  Anche il tofu è una buona fonte di calcio, la cui quantità dipende però in gran parte dall'agente coagulante usato durante il procedimento di preparazione (si ritiene che quello preparato con solfato di calcio ne contenga di più di quello preparato con il nigari);

- importante per il mantenimento di un buono stato di salute delle ossa è l'esposizione al sole, che permette di sintetizzare la vitamina D, fondamentale per l'assorbimento del calcio.

VITAMINA D: COS'È E COME SI RICAVA

La vitamina D è una vitamina essenziale per l'organismo perché è quella che consente di assorbire il calcio assunto attraverso i cibi e di fissarlo alle ossa. La particolarità di questa vitamina è che essa non si ricava per via alimentare, qualunque sia il regime seguito, onnivoro, latto-ovo-vegetariano o vegano che sia. L'organismo produce infatti da solo la vitamina D, sintetizzandola attraverso l'esposizione al sole.

Anche se si segue un'alimentazione onnivora, l'organismo non è in grado di ottenere attraverso il cibo più del 10% del fabbisogno totale di vitamina D.
Per questo, è fondamentale passare del tempo all'aria aperta: alle latitudini italiane, per favorire un'adeguata produzione di vitamina D è necessario esporre al sole mani e viso almeno 2-3 volte a settimana per 20-30 minuti.
In commercio esistono tuttavia molti alimenti fortificati con vitamina D, particolarmente indicati per chi segue un'alimentazione latto-ovo-vegetariana o vegana. Si tratta soprattutto dei cereali e dei latti vegetali addizionati.
In caso di carenza di esposizione al sole si può ricorrere anche alle lampade abbronzanti e, soprattutto, agli integratori di vitamina D. In questo caso, tuttavia, è bene fare attenzione a ciò che si acquista perché la maggior parte di essi contengono eccipienti di origine animale.

GLI OMEGA-3 NELLA SCELTA VEG

Gli omega-3 appartengono alla famiglia degli acidi grassi polinsaturi, i grassi "buoni" per il nostro organismo. In modo particolare, gli omega-3 svolgono importanti funzioni a livello strutturale, per esempio nella composizione dei tessuti nervosi e delle membrane cellulari.

A questi grassi sono state riconosciute, infatti, proprietà protettive nei confronti di alcune patologie, come le malattie cardiovascolari. Insieme agli omega-6, gli omega-3 sono definiti acidi grassi "essenziali" perché l'organismo non è in grado di produrli in maniera autonoma: possono essere introdotti unicamente attraverso l'alimentazione.

DOVE SI TROVANO

Tradizionalmente, si ritiene che sia il pesce una delle principali fonti di omega-3 per l'organismo (in particolare alcune specie come il salmone e la trota). È bene tuttavia tenere presente che il pesce contiene anche colesterolo e fino al 30% di grassi saturi, i grassi considerati dannosi per la salute, a differenza delle principali fonti vegetali di omega-3: l'olio di lino, i semi di lino, le noci e i semi di chia.

COME ASSUMERLI

La quantità consigliata di cibi contenenti omega-3 è di 2 porzioni al giorno. Una porzione corrisponde, per esempio, a 1 cucchiaino di olio di semi di lino o a 6 noci o a 3 cucchiaini di semi di lino (da consumare macinati) o a 30 g di semi di chia. Se si segue un'alimentazione ipocalorica, sono da preferire olio di lino e semi di lino ad altri alimenti ricchi di omega-3 ma più calorici, come le noci o i semi di chia.
L'olio di lino è in assoluto la fonte più importante di omega-3 (ne contiene fino a 15 volte di più rispetto ai pesci che ne sono più ricchi). Ottenuto dalla spremitura a freddo dei semi di lino, è ottimo come condimento a freddo e non va mai usato in cottura. Si tratta di un olio molto sensibile alla luce e al calore, perciò va acquistato solo se lo si trova in vendita al banco frigo. Anche in casa va conservato in frigorifero, per evitare che irrancidisca.

Per quanto riguarda i semi di lino, invece, per garantire la miglior assimilazione di omega-3 è preferibile consumarli triturati al momento, come condimento a piatti freddi.
La biodisponibilità degli omega-3 viene garantita anche limitando il consumo di alimenti ricchi di altri grassi, soprattutto acidi grassi omega-6 e grassi trans, a partire dalle margarine, che è meglio sostituire con olio di oliva.

Contrariamente all'opinione comune, le alghe non possono essere considerate una fonte esclusiva di omega-3: bisognerebbe consumarne una quantità eccessiva per garantire il corretto fabbisogno. Il loro mancato consumo, però, può essere compensato con un integratore a base di olio algale. Leggete sempre bene l'etichetta: questi prodotti possono contenere sostanze di origine animale.

PERCHÉ MANGIARE INTEGRALE

Quando parliamo di alimenti integrali ci riferiamo in modo particolare a cereali e pseudocereali in chicco e loro derivati (farine, fiocchi, pasta, pane, pizza, grissini, fette biscottate, cracker, cereali per la colazione).

I chicchi dei cereali sono composti da diverse parti: la crusca esterna, ricca di fibre, che serve al seme come corazza protettiva, il germe, che rappresenta l'embrione del seme e contiene minerali e vitamine, e l'endosperma, principalmente composto da amido e proteine. I cereali integrali comprendono tutte e tre le componenti del chicco. Al contrario, invece, i cereali raffinati e i loro derivati, come le farine bianche, sono ottenuti usando solo l'endosperma del chicco: il processo di macinazione e raffinazione porta infatti all'eliminazione della parte più esterna rendendo il chicco più povero di fibre, vitamine, sali minerali, proteine vegetali e sostanze bioattive. A prescindere da come viene lavorato il cereale, un prodotto per essere considerato integrale deve conservare approssimativamente la stessa proporzione di crusca, germe ed endosperma presente nel chicco originario.

VANTAGGI

I vantaggi degli alimenti integrali sono da ricondurre soprattutto alla maggior quantità di fibre presenti in questi alimenti rispetto a quelli raffinati. Le funzioni della fibra sono moltissime: è responsabile dell'aumento del senso di sazietà, in quanto aumenta il volume del cibo richiamando notevoli quantità di acqua, riduce l'assorbimento dei grassi e del colesterolo, favorisce le funzioni intestinali e diminuisce l'indice glicemico dell'alimento, diminuendo così la risposta insulinica. Altri vantaggi legati al consumo di alimenti integrali derivano dal loro maggior contenuto di vitamine del gruppo B, vitamina E, magnesio, ferro, zinco e acidi grassi essenziali.

CHE COS'È IL "FINTO INTEGRALE"

Sul mercato si trovano molti prodotti spacciati per "integrali" anche se non lo sono. Per questo bisogna sempre leggere le etichette e vedere in quale posizione sono elencati i cereali integrali tra gli ingredienti del prodotto che, per legge, devono essere citati in ordine decrescente (se sono al primo posto la quantità sarà adeguata). Inoltre, se la presenza del cereale in questione viene riportata sulla confezione è obbligatorio che sia indicato in che percentuale esso è contenuto.
È importante anche fare attenzione a diciture quali "5 cereali" o "con crusca", che non sono sinonimi di integrale. Anzi, l'aggiunta di crusca a un prodotto raffinato può addirittura essere controproducente perché può limitare l'assorbimento dei pochi minerali rimasti dopo la raffinazione. Anche il colore scuro non è garanzia di integrale: nel caso del pane, per esempio, potrebbero essere stati aggiunti additivi come melassa o caramello.

INTEGRALE SÌ, MA...

Per inserire i cereali integrali nella dieta è sufficiente sostituire alcune porzioni di alimenti raffinati con la loro versione integrale. È bene però che l'introduzione sia progressiva, in modo da consentire all'organismo di adattarsi al maggiore contenuto di fibre. Accanto a pane e pasta è consigliabile consumare cereali integrali in chicco, anche sotto forma di germogli.
Fate attenzione, perché integrale non è sinonimo di dietetico: anche se il consumo di alimenti a base di cereali integrali, grazie all'elevato contenuto di fibre, aumentando il senso di sazietà agisce sul controllo dell'appetito, ciò non deve essere un pretesto per mangiarne più del necessario.
Infine, quando si tratta di integrale è più che mai utile acquistare prodotti biologici e di provenienza certa per evitare l'introduzione di sostanze tossiche per l'organismo, dal momento che nei cereali integrali viene mantenuta anche la parte più esterna del chicco, quella più esposta alle sostanze chimiche utilizzate in agricoltura.

LE INTOLLERANZE

Coniugare un'alimentazione di tipo vegetariano o vegano con intolleranze o allergie alimentari è assolutamente possibile. Anzi, un regime alimentare a base prevalentemente vegetale può costituire in molti casi un aiuto importante. È sufficiente adottare qualche piccolo accorgimento. Vediamo insieme come fare.

COSA EVITARE E COSA SCEGLIERE

Se si è affetti da celiachia andranno esclusi dalla propria alimentazione tutti i cereali che contengono glutine (frumento, farro, orzo, grano Khorasan, segale) e tutti i derivati da questi alimenti (paste, farine e prodotti da forno), ma anche prodotti meno ovvi come il caffè d'orzo, la birra da malto d'orzo o di frumento e il lievito. Attenzione anche al seitan, che essendo un derivato della lavorazione del glutine è assolutamente sconsigliato. La tossicità dell'avena per chi soffre di celiachia è argomento molto dibattuto: molti celiaci non la tollerano, altri invece possono consumarla senza problemi. Per questo è bene valutare caso per caso e rifarsi sempre all'elenco dei prodotti segnalati nell'apposito Registro del Ministero della Salute. La necessità di eliminare dalla dieta quotidiana molti dei cereali tradizionali e dei loro derivati può tuttavia costituire una buona occasione per scoprirne di nuovi, ugualmente gustosi e versatili in cucina, come quinoa, miglio, grano saraceno, amaranto e sorgo, oltre ovviamente al riso. Il consiglio? Come per i celiaci onnivori, è bene basare la propria dieta sui tanti alimenti che naturalmente non contengono glutine, a partire ovviamente dai vegetali (in questo vegetariani e vegani partono favoriti). Infine, è possibile integrare con i sempre più numerosi prodotti speciali gluten free facilmente reperibili ormai anche nella grande distribuzione, contrassegnati dal simbolo della spiga barrata: un'indicazione utile per evitare anche quei prodotti che, pur non contenendo apparentemente glutine, potrebbero aver subito una contaminazione accidentale durante i processi di lavorazione industriale.

Nel caso di allergia o intolleranza alla soia andranno evitati tutti i prodotti che la contengono: latte e yogurt di soia, tofu e tempeh.
È importante fare attenzione anche ai prodotti industriali, sia a quelli a base di soia, come burger e polpette, sia a

quelli che possono contenerla come ingrediente (può essere indicata in etichetta come "soia ristrutturata"). Si può ovviamente optare per tutti gli altri legumi. Un'ottima alternativa sono i lupini, affini alla soia sotto il profilo nutrizionale per l'alto contenuto di proteine. In commercio è possibile trovare preparati come polpette e burger a base di questo legume.

L'allergia al latte è la più frequente e conosciuta allergia alimentare. Quando si scopre di essere intolleranti o allergici al lattosio e alle proteine del latte la prima impressione è che non si possa praticamente più mangiare niente. Il lattosio è infatti presente non solamente nel latte vaccino e nei suoi derivati, ma anche in moltissimi alimenti pronti, anche i più insospettabili. Per questo motivo, diventa ancora più importante leggere con attenzione le etichette dei prodotti industriali. In realtà, proprio un'alimentazione di tipo vegano può essere di grande aiuto, perché già di per sé esclude il latte vaccino e tutti i suoi derivati e avvicina all'uso di latte, panna, yogurt e formaggio vegetali sia al naturale sia come ingredienti nelle preparazioni dolci e salate.

Il nichel è presente in molti alimenti di origine vegetale, come cereali integrali, legumi, frutta e verdura. Per questo, in caso di intolleranza o allergia al nichel è bene preferire alimenti che provengono da agricoltura biologica o biodinamica, cercando il più possibile di scegliere cibi provenienti dalla montagna, dove i terreni sono meno contaminati. L'allergia al nichel può essere contenuta se si adottano accorgimenti alimentari utili ad abbassare il livello di infiammazione dell'organismo (consiglio valido per tutti i tipi di intolleranze). Tè verde, zenzero, frutti rossi e in generale tutta la frutta e la verdura cruda hanno benefici effetti naturali antinfiammatori. Anche prediligere metodi di cottura come quella al vapore e al forno, oppure la bollitura e la lessatura, può costituire un valido aiuto.

CONSIGLI E SUGGERIMENTI PER LA SPESA, IN CUCINA E AL RISTORANTE

- Preferite sempre alimenti naturali, rispetto a prodotti confezionati: con verdura, cereali, legumi, frutta fresca e frutta secca sarete in grado di organizzare la vostra alimentazione quotidiana in maniera più sana e controllata.

- Se siete allergici o intolleranti, leggete con ancora più attenzione le etichette dei prodotti che acquistate per essere sicuri di ciò che contengono. La presenza di glutine e soia, in modo particolare, deve essere indicata per legge.

- Come conciliare in casa le esigenze di chi è allergico e di chi non lo è? Un buon compromesso può essere scegliere di regolare l'alimentazione casalinga sulla base delle esigenze più restrittive, lasciando ai pasti fuori casa la libertà, per chi può, di mangiare ciò che preferisce.

- Quando si parla di allergie alimentari non si scherza. Per questo motivo, prestate sempre molta attenzione, soprattutto quando siete fuori casa.
  Se siete al ristorante, fate domande accurate quando ordinate e fate sempre presente con chiarezza quali sono i cibi che potete mangiare e quali sono invece quelli che dovete assolutamente evitare.

- Se dovete affrontare viaggi lunghi, soprattutto in treno o in aereo, organizzatevi portandovi dietro snack e qualche pasto già pronto. In questo modo non correrete il rischio di rimanere digiuni.

LA SPESA CONSAPEVOLE

3

Al supermercato, dal vostro ortolano di fiducia oppure nei negozi bio, imparate a destreggiarvi tra stagionalità, etichette e sigle

LA STAGIONALITÀ DI FRUTTA, VERDURA E AROMI

Risparmia, mangia meglio e inquina meno: questi sono i primi tre segni particolari di chi cerca di mangiare frutta e verdura di stagione. Vediamo insieme come fare.

Nello schema delle prossime pagine abbiamo cercato di raccogliere il maggior numero di informazioni relative alla stagionalità dei prodotti freschi in commercio nel nostro Paese. Le fonti sono spesso in disaccordo fra loro su alcuni prodotti e alcune disponibilità. Esistono alimenti come aglio, cipolla, erbe aromatiche, limoni e patate che vengono indicati come presenti "tutto l'anno", e questo, fondamentalmente, perché il nostro Paese ha una conformazione tale da garantire climi molto diversi a seconda delle zone e questo fa sì che, per esempio, i limoni nelle loro varie tipologie siano davvero reperibili tutto l'anno. Abbiamo cercato comunque di rimanere il più fedeli possibili al buon senso, creando, qualora fosse necessario, una media fra periodo, zona e prodotto.

GENNAIO

VERDURA E ORTAGGI: aglio, bietola, broccoli, broccolo romanesco, carciofi, cardi, carote, cavolfiori, cavolini di Bruxelles, cavolo cappuccio, cavolo verza, cicoria, cipolle, finocchi, frutta in guscio, indivia, lattuga, legumi secchi, patate, porri, radicchio, rape, scalogno, sedano, sedano rapa, spinaci, topinambur, valerianella, zucca

FRUTTA: arance, cedri, clementine, kiwi, limoni, mandarini, mele, pere, pompelmi

AROMI: prezzemolo, rosmarino, salvia

FEBBRAIO

VERDURA E ORTAGGI: aglio, bietola, broccoli, broccolo romanesco, cardi, carote, cavolfiori, cavolini di Bruxelles, cavolo cappuccio, cavolo verza, cicoria, cicorino da taglio, cipolle, finocchi, frutta in guscio, indivia, lattuga, legumi secchi, melone d'inverno, patate, porri, radicchio, rape, scalogno, sedano, sedano rapa, topinambur, spinaci, valeriana, zucca

FRUTTA: arance, clementine, kiwi, limoni, mandarini, mele, pere, pompelmo

AROMI: alloro, prezzemolo, rosmarino, salvia, timo

MARZO

VERDURA E ORTAGGI: aglio, agretti, asparagi, bietola, broccoli, broccolo romanesco, carciofi, carote, cavolfiori, cavolini di Bruxelles, cavolo cappuccio, cavolo verza, cicoria, cime di rapa, cipolle, cipollotti, finocchi, frutta in guscio, indivia, lattuga, legumi secchi, melone d'inverno, patate, patate novelle, porri, radicchio, rape, ravanelli, sedano, sedano rapa, scalogno, spinaci, topinambur, taccole, valerianella, zucca

FRUTTA: arance, bergamotto, kiwi, limoni, mandarini, clementine, mele, pere, pompelmi

AROMI: prezzemolo, rosmarino, salvia

APRILE

VERDURA E ORTAGGI: aglio, agretti, asparagi, bietola, carciofi, carote, cavolfiori, broccoli, broccolo romanesco, cavolo cappuccio, cavolo verza, cicoria, cicorino da taglio, cime di rapa, cipolle, fave, finocchi, frutta in guscio, indivia, lattuga, legumi secchi, patate, patate novelle, piselli, porri, rape, ravanelli, rucola, scalogno, sedano, sedano rapa, spinaci, taccole, valerianella

FRUTTA: fragole, kiwi, limoni, mele, nespole, pompelmi

AROMI: menta, prezzemolo, rosmarino, salvia

MAGGIO

VERDURA E ORTAGGI: aglio, agretti, asparagi, bietola, carciofi, carote, catalogna, cavolfiori, broccoli, cavolo cappuccio, cavolo verza, cetrioli, cicoria, cime di rapa, cipolle, fagiolini, fave, finocchi, frutta in guscio, indivia, lattuga, legumi secchi, patate, patate novelle, piselli, pomodori, porri, rape, ravanelli, rucola, scalogno, sedano, sedano rapa, spinaci, taccole, valerianella, zucchine

FRUTTA: albicocche, ciliegie, fragole, limoni, mele, nespole, pere, pesche

AROMI: basilico, menta, mentuccia, rucola, prezzemolo, rosmarino, salvia

GIUGNO

VERDURA E ORTAGGI: aglio, asparagi, bietola, carote, cavolfiori, broccoli, cavolo cappuccio, carciofi, cetrioli, cicoria, cime di rapa, cipolle, fagiolini, fave, finocchi, frutta in guscio, indivia, lattuga, legumi secchi, melanzane, patate, patate novelle, peperoni, piselli, pomodori, porri, rape, ravanelli, rucola, scalogno, sedano, spinaci, taccole, valerianella, zucchine

FRUTTA: albicocche, amarene, anguria, ciliegie, fichi, fragole, frutti di bosco, limoni, mele, nespole, pere, pesche, prugne, susine

AROMI: basilico, cedronella, maggiorana, menta, prezzemolo, timo, valeriana, zafferano

LUGLIO

VERDURA E ORTAGGI: aglio, bietola, carote, cavolo cappuccio, cetrioli, cicoria, cime di rapa, cipolle, fagiolini, fave, finocchi, frutta in guscio, funghi, indivia, lattuga, legumi secchi, melanzane, patate, patate novelle, peperoni, piselli, pomodori, porri, ravanelli, rucola, scalogno, sedano, spinaci, taccole, valerianella, zucchine

FRUTTA: albicocche, amarene, anguria, ciliegie, fichi, frutti di bosco, limoni, mele, meloni, nespole, pere, pesche, prugne, susine, uva

AROMI: basilico, cedronella, maggiorana, menta, origano, peperoncino, prezzemolo, santoreggia, timo

AGOSTO

VERDURA E ORTAGGI: aglio, bietola, carote, cavolo cappuccio, cavolini di Bruxelles, cetrioli, cicoria, cime di rapa, cipolle, fagioli, fagiolini, fave, finocchi, frutta in guscio, funghi, indivia, lattuga, legumi secchi, melanzane, patate, peperoni, piselli, pomodori, porri, rape, ravanelli, rucola, scalogno, sedano, spinaci, taccole, valerianella, zucchine

FRUTTA: albicocche, anguria, fichi, fichi d'India, frutti di bosco, mele, meloni, pere, pesche, prugne, susine, uva

AROMI: basilico, maggiorana, menta, peperoncino, prezzemolo, salvia

SETTEMBRE

VERDURA E ORTAGGI: aglio, bietola, broccoli, broccolo romanesco, carote, cavolo verza, cavolo cappuccio, cavolfiore, cetrioli, cicoria, cime di rapa, cipolle, fagioli, fagiolini, fave, finocchi, frutta in guscio, funghi, indivia, lattuga, legumi secchi, melanzane, patate, peperoni, piselli, pomodori, porri, ravanelli, rucola, scalogno, sedano, sedano rapa, spinaci, taccole, zucca, zucchine

FRUTTA: anguria, fichi, fichi d'India, frutti di bosco, limoni, melagrane, mele, meloni, pere, pesche, prugne, susine, uva

AROMI: basilico, maggiorana, salvia, peperoncino, prezzemolo, rosmarino

OTTOBRE

VERDURA E ORTAGGI: aglio, bietola, broccoli, broccolo romanesco, carciofi, carote, cavolfiori, cavolini di Bruxelles, cavolo cappuccio, cavolo verza, cicoria, cime di rapa, cipolle, fagioli, finocchi, frutta in guscio, funghi, indivia, lattuga, legumi secchi, melanzane, patate, pomodori, porri, rape, ravanelli, rucola, scalogno, sedano, sedano rapa, spinaci, topinambur, valerianella, zucche, zucchine

FRUTTA: arance, cachi, castagne, fichi, fichi d'India, kiwi, limoni, mandarini, melagrana, mele, meloni, pere, uva

AROMI: basilico, dragoncello, salvia, maggiorana, peperoncino, prezzemolo, rosmarino

NOVEMBRE

VERDURA E ORTAGGI: aglio, bietola, broccoli, broccolo romanesco, carciofi, cardi, carote, cavolfiori, cavolini di Bruxelles, cavolo cappuccio, cavolo verza, cicoria, cime di rapa, cipolle, fagioli, finocchi, frutta in guscio, funghi, indivia, legumi secchi, lattuga, patate, porri, radicchio, ravanelli, rape, sedano, sedano rapa, scalogno, spinaci, topinambur, valerianella, zucche

FRUTTA: arance, bergamotto, cachi, castagne, cedri, clementine, fichi d'India, kiwi, limoni, mandarini, melagrana, mele, pere, pompelmo, uva

AROMI: crescione, maggiorana, prezzemolo, rosmarino, salvia

DICEMBRE

VERDURA E ORTAGGI: aglio, bietola, broccoli, broccolo romanesco, carciofi, cardi, carote, cavolfiori, cavolini di Bruxelles, cavolo cappuccio, cavolo verza, cicoria, cime di rapa, cipolle, finocchi, frutta in guscio, indivia, legumi secchi, lattuga, melone d'inverno, patate, porri, radicchio, rape, ravanelli, scalogno, sedano, sedano rapa, spinaci, topinambur, valerianella, zucche

FRUTTA: arance, bergamotto, cachi, castagne, clementine, kiwi, limoni, mandarini, melagrana, mele, pere, pompelmi, uva

AROMI: rosmarino, salvia, santoreggia

GLI INGREDIENTI DI ORIGINE ANIMALE "NASCOSTI"

Essere vegani e vegetariani mantenendo un'assoluta coerenza, come dicevamo, non è semplice e lo vedremo bene in questo capitolo.

Tutti i giorni ci ritroviamo tra le mani oggetti che insospettabilmente sono realizzati o contengono sostanze di derivazione animale.
Orientarsi a tavola per un consumo veg è oggi sempre più semplice (anche grazie a etichette sempre meno sibilline), ma non è altrettanto semplice raccapezzarsi quando si parla di prodotti non alimentari. Il consiglio è, prima di tutto, imparare a leggere le etichette, ma anche rivolgersi direttamente ai produttori per chiedere chiarimenti nei casi in cui composizione e origine non siano chiare.

COSMETICI

Acido stearico (spesso di origine animale), glicerina, acido oleico, acido laurico, collagene, cheratina, lanolina: tutte queste sostanze sono presenti in creme, lozioni, saponi, detergenti, dentifrici, balsami, shampoo. La difficoltà principale per il consumatore è che molti di essi possono essere elementi di derivazione animale, ma anche vegetale o sintetica, e non sempre le etichette fanno chiarezza su questo punto. Un buon modo per orientarsi è prediligere prodotti con chiara indicazione e certificazione *cruelty free* e prendere confidenza con l'INCI, ovvero la Nomenclatura Internazionale degli Ingredienti nella Cosmesi attraverso la quale, per legge, sono indicati in ogni prodotto tutte le sostanze contenute al suo interno.

PROFUMI

Anche l'industria profumiera fa uso di prodotti di derivazione animale. È il caso, per esempio, del muschio, sostanza odorosa usata come fissativo nei profumi, ottenuta dalle ghiandole del cervo muschiato, o dell'ambra grigia, elemento ceroso secreto dall'intestino del capodoglio.

AMMORBIDENTI

Una delle sostanze maggiormente presenti negli ammorbidenti per lavatrice è l'esterquat, molecola ammorbidente che può essere di origine vegetale o animale. In quest'ultimo caso, è estratta dal sego, ovvero una delle principali fonti di grasso animale, ricavato da bovini, ovini ed equini. Un'ottima alternativa fai da te agli ammorbidenti industriali è aggiungere al bucato un po' di aceto (possibilmente bianco o di mele), con due gocce di olio essenziale e un po' di bicarbonato.

ZUCCHERO

Per assumere il colore bianco che lo contraddistingue lo zucchero viene sottoposto, in alcuni casi, a un processo di sbiancamento per il quale vengono adoperati filtri derivati da carbone animale, detti anche "neri di ossa" perché ottenuti proprio dalle ossa degli animali d'allevamento. Questo processo di raffinazione, inoltre, impoverisce moltissimo lo zucchero dal punto di vista nutrizionale. Per questo, è preferibile usare come dolcificante prodotti più salutari e *veg friendly* come lo zucchero grezzo di canna (non raffinato), il malto, ottenuto dalla germinazione dei cereali, o gli sciroppi di acero e agave.

PNEUMATICI E FUOCHI D'ARTIFICIO

Gli pneumatici per automobili e biciclette possono contenere acido stearico di origine animale, che aiuta il mantenimento della forma e la resistenza all'attrito delle ruote. L'acido stearico è usato anche nella produzione di fuochi d'artificio, per impedire l'ossidazione dei metalli.

COLORANTI

Quando vedete scritto sulle confezioni di succo di frutta, di bibite, di caramelle oppure di pastelli a cera o acquerelli la sigla E120, fate attenzione, perché in quel caso il colorante utilizzato per creare quel bel colore rossastro è di origine animale. In particolare si tratta del colore estratto dalla cocciniglia, un insetto molto piccolo la cui femmina secerne un liquido rosso che utilizza per difendersi dai predatori. Il costo sul mercato di questo colorante è abbastanza alto, perciò viene spesso sostituito con coloranti sintetici, anche dall'industria tessile che in passato lo utilizzava.

L-CISTEINA

Si tratta di un aminoacido solforato usato come additivo e ricavato, in alcuni casi, dagli scarti di lavorazione dell'industria della carne e, in particolare, dalle piume. Questo aminoacido, che è già presente naturalmente in cereali e derivati, viene aggiunto in alcuni casi come miglioratore delle farine da inserire nei prodotti da forno e viene indicato con la sigla E920. Come ci si regola in questo caso? Nel Regolamento CE 889 del 2008, che sancisce quali sono gli additivi che possono essere utilizzati nei prodotti biologici certificati, non è presente la L-cisteina: questo significa che, con buona probabilità, se acquistiamo prodotti da forno certificati BIO, o farine certificate, non dovremmo incontrare questo aminoacido.

CARAMELLE, GOMME E CONFETTI

Nella produzione industriale dolciaria sono ampiamente usate gelatine animali e colla di pesce. È il caso, per esempio, di caramelle gommose, gelatine e chewing gum, che possono contenere anche altri ingredienti di origine animale, come glicerina, acido stearico e lanolina (sostanza ottenuta dal vello di pecora).

Gelatina e colla di pesce, ricavate entrambe dalla lavorazione di tessuti connettivi animali, sono adoperate anche dall'industria farmaceutica per la produzione di medicine in capsule e supposte.

Sulle etichette dei prodotti la loro presenza è indicata con il termine generico "gelatina" o con la sigla E441. Come avviene nella cucina casalinga, comunque, anche in ambito industriale ci sono produttori che si sono attrezzati sostituendo, nella produzione di caramelle e simili, la gelatina animale con l'agar-agar, gelificante naturale ottenuto dalla lavorazione delle alghe rosse.

Esiste anche la gommalacca, che è derivata da un insetto: essendo commestibile, in alcuni casi è utilizzata per ricoprire confetti o per decorare dolci.

STRUMENTI MUSICALI

Da ossa e tessuti connettivi degli animali si ottiene anche la colla adoperata, per esempio, per il fissaggio di strumenti musicali in legno, come i violini, o per il restauro di mobili antichi. Oggi esistono anche colle di origine sintetica, ma per la lavorazione e, soprattutto, per il restauro di mobili antichi e oggetti in legno la colla di origine animale rimane la più usata. Ricordiamo inoltre che, in alcuni casi, i tasti dei pianoforti sono d'avorio, così come cornamuse, zampogne e alcuni tamburi sono spesso realizzati con pelli di animali.

PENNELLI

Che siano per dipingere o per mettersi la cipria, in alcuni casi sono realizzati con setole di animali. Verificatene la fattura.

PRESERVATIVI

I condom possono contenere due elementi di origine animale, la caseina e la glicerina. Esistono però in commercio (soprattutto online) anche versioni vegan di questi prodotti.

LE SIGLE DA TENERE SOTT'OCCHIO

IL VINO È VEGANO?

Generalmente, il vino non può essere considerato un prodotto vegano e neppure vegetariano in senso stretto.

Per definizione, i prodotti destinati ai vegetariani non devono contenere carni, di qualunque tipo, e più in generale ingredienti o loro derivati ottenuti dall'uccisione diretta di animali. In questa accezione, quindi, il vino è un prodotto idoneo al consumo da parte dei vegetariani solo quando non contiene nessuno degli ingredienti vietati né dei loro derivati, come possono essere la colla di pesce o di ossa o la gelatina animale.

Nei prodotti destinati all'alimentazione vegana non è vietato solo utilizzare carni e loro derivati, ma anche impiegare derivati di origine animale non necessariamente ottenuti dall'uccisione di animali. Sostanze di questo tipo possono essere usate come ingredienti, ma anche come additivi o come coadiuvanti tecnologici. Per questo, per produrre un vino vegano, è vietato l'impiego di qualsiasi tipo di derivato di origine animale, come l'albumina, la caseina o i caseinati, l'ovoalbumina e il lisozima da uovo, impiegati generalmente nelle produzioni convenzionali.

COSA ACCADE IN CANTINA

Nella produzione di vino, oltre all'uva, possono essere utilizzati coadiuvanti tecnologici e alcuni di questi possono essere di origine animale. I "coadiuvanti tecnologici" sono sostanze, organiche o inorganiche, utilizzate per favorire il processo desiderato, ma che vengono successivamente eliminate. Dopo aver svolto la loro azione, queste sostanze aggiunte normalmente sedimentano sul fondo del recipiente e vengono quindi rimosse dal vino. Teoricamente, dovrebbero essere del tutto assenti nel prodotto finito, ma non si può escludere che ne restino tracce.

I più utilizzati sono i cosiddetti "chiarificanti", materiali attraverso i quali viene fatto passare il vino per renderlo limpido e togliere le eventuali impurità. Le particelle in sospensione possono venire trattenute per assorbimento (utilizzando, per esempio, cellulosa), per arresto superficiale (utilizzando farine fossili), ma anche attraverso chiarificanti di origine animale, quali

l'albumina, la caseina e i caseinati, la colla d'ossa, la colla di pesce, la gelatina. Nella produzione di vini vegani è vietato l'uso di queste sostanze, ma anche l'aggiunta di qualsiasi derivato di origine animale nelle altre fasi della produzione, quali il confezionamento e l'uso delle colle per l'etichettatura.

RICONOSCERE UN VINO VEGANO

Il claim "vino vegano" è a tutti gli effetti un'informazione attualmente non regolata in modo specifico né dalle norme dell'Unione Europea né da quelle italiane. Nel nuovo regolamento comunitario in materia di etichettatura (Reg. CE 1169/2011) è previsto che in futuro vengano definite norme per l'utilizzo delle informazioni volontarie relative alle caratteristiche degli alimenti che vengono definiti vegetariani o vegani. Ma attualmente i claim "vegano" o "vegetariano" si configurano solamente come informazioni che il produttore può inserire in etichetta in maniera facoltativa (una sorta di autocertificazione) e come tali devono sottostare alle norme generali in materia di etichettatura, ovvero veridicità, non ingannevolezza, oggettività.

È importante ricordare che la dicitura "biologico" non è sempre sinonimo di "vegano".

LE CERTIFICAZIONI

Al momento sono disponibili sul mercato alcune certificazioni per il riconoscimento dei vini vegani. Si tratta di marchi di natura privata, ovvero di marchi di proprietà di persone fisiche, associazioni o strutture private che vengono concessi in uso ai produttori di vino in base a specifici regolamenti interni. Questi marchi hanno lo scopo di comunicare al consumatore in modo immediato e intuitivo la caratteristica vegan del vino.
Uno dei marchi principali in Italia è Qualità Vegetariana Vegan®, promosso dall'AVI, l'Associazione Vegetariani Italiani, e concesso in uso ai produttori solo dopo l'ottenimento della certificazione da parte di un ente terzo indipendente, CSQA-Certificazioni. Tra le certificazioni presenti sul mercato italiano del vino ci sono anche Certification Europe, che segue gli standard definiti dalla Vegan Society, e il marchio Vegan concesso da ICEA, Istituto Certificazione Etica e Ambiente.

IL MERCATO

Fino a qualche anno fa era impensabile sentir parlare di "vino vegano". Da qualche anno tuttavia stiamo assistendo, all'estero come in Italia, a una crescita significativa di interesse da parte dei produttori. Sono sempre più numerosi quelli che decidono di convertire in chiave vegan la propria produzione o di dedicare una linea di prodotti al target di clientela veg.
La dicitura "vegan" è stata affiancata anche a nomi di eccellenza del vino italiano, quali Chianti e Prosecco, grazie alle iniziative intraprese da cantine diffuse in tutta Italia. Una produzione sollecitata dalle richieste dei consumatori italiani, ma soprattutto dalla domanda estera, proveniente in modo particolare da Germania e Svizzera.

BIRRA E SUPERALCOLICI

Molto più acerbo è invece il mercato italiano della birra e dei superalcolici, mentre, a livello internazionale, qualcosa si muove già, dato che un produttore internazionale come Guinness ha convertito in chiave vegan la produzione a partire dal 2016. In generale, uno strumento utile per conoscere se il vino, la birra o il liquore che stiamo bevendo è *vegan friendly* è il database internazionale www.barnivore.com.

LA DISPENSA VEG

4

Tutti gli ingredienti che dovrebbero essere a portata di mano nella cucina di chi ha deciso di espandere i propri orizzonti culinari

I LATTI VEGETALI

I diversi tipi di latte vegetale costituiscono una valida alternativa al latte vaccino non solo per chi segue un'alimentazione di tipo vegano, ma anche per chi è intollerante al lattosio o allergico alla caseina. Tutte queste bevande vegetali sono infatti prive di entrambe queste sostanze, oltre che di colesterolo. Ottenuti con procedimenti diversi da legumi, cereali o semi, i latti vegetali possono sostituire il latte vaccino sia nelle ricette dolci che in quelle salate o essere bevuti al naturale, a colazione o come bevanda snack. Scopriamo insieme quali sono i principali e come usarli in cucina.

LATTE DI SOIA

Il latte di soia è originario della Cina, dove la soia viene utilizzata a scopo alimentare sin dall'antichità, ed è ottenuto attraverso un procedimento di reidratazione e macinatura ad acqua dei fagioli di soia gialli. È il latte vegetale maggiormente ricco di proteine e il meno calorico. È privo di colesterolo e costituisce una buona fonte di ferro e vitamine A, B ed E. Rispetto al latte vaccino è più povero di calcio, a meno che non si acquisti una formula addizionata. In commercio se ne trovano molte varietà fortificate con calcio (da preferire), vitamina B_{12} e vitamina D, oltre che aromatizzate alla vaniglia o al cacao. Ottimo a colazione o a merenda, anche in aggiunta al caffè o con del cacao in polvere, come ingrediente per preparazioni salate è da usare nella varietà al naturale. Nella preparazione dei dolci vegani si usa spesso cagliarlo con un cucchiaio di aceto di mele, in modo da renderlo più denso e conferire così ai dolci più morbidezza e sofficità.

LATTE DI RISO

Si ottiene mescolando e filtrando riso bollito frullato, acqua e talvolta zucchero. In commercio ne esistono di vari tipi, sia semplici sia "rinforzati" con vitamine, calcio e proteine. È povero di grassi e ha un alto contenuto di zuccheri semplici che lo rende altamente digeribile, ma contribuisce ad alzare velocemente la glicemia nel sangue: è per questo poco indicato per chi soffre di diabete o ha problemi di sovrappeso. Proprio l'alto contenuto di zuccheri fornisce all'organismo energia subito disponibile e per questo motivo è consigliato a colazione, con cereali o caffè d'orzo. Per la sua delicatezza e il suo sapore dolce, è perfetto per la preparazione di dessert e frullati. Il latte di riso disponibile in commercio contiene spesso oli vegetali. Tendenzialmente si tratta di olio di girasole (da preferire biologico e spremuto a freddo), ma è sempre bene leggere l'etichetta per evitare di acquistare prodotti contenenti oli vegetali non ben specificati.

LATTE DI FARRO

Dalla consistenza densa e cremosa, il latte ottenuto dai chicchi del farro ha un sapore delicato ed è un'ottima bevanda da gustare sia calda sia fredda. Può essere bevuto insieme al caffè, con il cacao o accompagnato dai cereali a colazione o a merenda. In cucina può essere usato come ingrediente sia nelle ricette dolci che in quelle salate, per preparare creme e besciamelle. Può essere usato in sostituzione delle altre bevande vegetali, come il latte di riso o quello di soia, nelle medesime quantità. Non molto calorico e altamente digeribile, è uno dei latti vegetali con il maggior contenuto di calcio. Si trova in commercio già pronto, soprattutto nei negozi che vendono prodotti alimentari biologici. Una volta aperto, può essere conservato in frigorifero per 4-5 giorni.

LATTE DI AVENA

Il latte di avena ha un sapore delicato. Poco calorico, contiene pochi grassi, ma è ricco di fibre, vitamina E e acido folico. Come il latte di riso è ricco di zuccheri semplici ed è quindi ottimo bevuto a colazione, senza l'aggiunta di altri dolcificanti. Può essere usato nelle ricette salate per preparare purè a base di patate o topinambur. In commercio lo trovate con l'aggiunta di oli vegetali e quindi, come per il latte di riso, è necessario controllare bene l'etichetta per evitare di acquistare un prodotto contenente oli vegetali non ben specificati.

USARE GLI SCARTI

Se producete in casa il vostro latte vegetale, qualunque sia l'ingrediente di partenza, vi accorgerete che dopo la fase di filtraggio otterrete, oltre al latte, anche una parte di scarto. Si chiama "okara" e non va buttata.
Potete infatti riutilizzarla in numerose preparazioni sia dolci che salate.
In generale, l'okara è ottima per dare consistenza a burger, polpette vegetali salate, pane, muffin o biscotti (a seconda dell'ingrediente dal quale è ricavata). Nel caso del latte di soia, per esempio, otterrete un'okara fatta di fibre e amido, ad alto contenuto proteico, che potete usare per la preparazione di biscotti o per la farcitura di torte salate.

LATTE DI MIGLIO

Il latte di miglio, come il cereale dal quale è estratto, è povero di colesterolo e grassi, ma ricco di proteine e vitamine ed è molto digeribile. È ottimo nella preparazione di dolci al cucchiaio, ma anche in ricette salate come besciamelle o zuppe.

LATTE DI QUINOA

Dai piccoli chicchi rotondi della quinoa è possibile ricavare un latte vegetale ad alto contenuto proteico e senza glutine. In commercio potete trovarlo anche come bevanda in abbinamento al latte di riso, da consumare da solo o insieme a cacao o caffè per la prima colazione. Come ingrediente, il latte di quinoa è particolarmente indicato nelle ricette salate come besciamelle e creme.

LATTE DI COCCO

Il latte di cocco si ottiene pressando la polpa del cocco con acqua. È decisamente dolce, molto grasso e ha un sapore intenso che lo rende valido per molte ricette dolci come sostituto di burro e panna. In zuppe e preparazioni salate è ideale se volete conferire al piatto un sapore agrodolce, tipico delle ricette etniche orientali nelle quali, non a caso, è molto usato.

LATTE DI MANDORLE

Il latte di mandorle ha una storia antica, tutta italiana. Si narra, infatti, che venisse preparato già in epoca medievale dai monaci siciliani, che lo consideravano un ottimo sostituto del latte vaccino perché poteva essere conservato più a lungo. Ricco di vitamine e decisamente calorico, il latte di mandorle è anche ricco di grassi polinsaturi "buoni". Proprio per il suo profilo nutrizionale, è particolarmente adatto per l'alimentazione dei bambini dopo lo svezzamento.
In cucina è molto versatile e ha un sapore intenso, adatto per esempio alla preparazione di frullati e dolci a base di frutta, per i dessert al cucchiaio e nella preparazione di zuppe (al posto e nelle stesse quantità del latte vaccino). Questo latte costituisce inoltre una valida alternativa, dal punto di vista nutrizionale, all'assunzione di frutta secca.

LATTE DI NOCCIOLE

Il latte ottenuto dalle nocciole è ideale per dolci al cucchiaio, biscotti e torte, anche come alternativa al latte di mandorle per intensità di gusto. Può essere gustato anche da solo, insieme al caffè o in una cioccolata calda. Ha tutte le caratteristiche proprie di questi semi: è ricco di vitamina E e grassi monoinsaturi.

LATTE DI CANAPA

Il latte di canapa, ottenuto dai semi di canapa, è ricco di vitamina E, proteine vegetali, acidi grassi omega-3 e omega-6, calcio. Altamente digeribile, può essere bevuto al naturale, ma anche usato come ingrediente per la preparazione di frullati.

QUALCHE CONSIGLIO

- Come per il latte vaccino, anche per i latti vegetali è consigliato un consumo giornaliero moderato, compreso tra i 125-250 ml al giorno;
- leggete sempre l'etichetta dei prodotti che acquistate: preferite latti vegetali al naturale, meglio se privi di aromatizzanti, dolcificanti, grassi aggiunti e sale;
- scegliete latti vegetali biologici ed evitate quelli contenenti oli vegetali non ben specificati;
- in caso di apporti non sufficienti di vitamina B_{12}, vitamina D o calcio, i latti vegetali fortificati con questi nutrienti che si trovano in commercio possono essere un valido aiuto per compensare eventuali situazioni di carenza. In modo particolare, scegliete sempre le varianti addizionate con calcio;
- se consumate il latte vegetale a colazione, non scegliete sempre lo stesso, ma alternate le diverse tipologie: godrete dei benefici nutrizionali propri di ciascuno;
- tutti i latti vegetali possono essere facilmente prodotti in casa. I vantaggi dell'autoproduzione sono molti: potrete scegliere le materie prime di qualità che preferite, meglio se biologiche, eviterete la presenza di dolcificanti e grassi aggiunti e anche il portafoglio ne trarrà beneficio;
- una volta pronto, potete conservare il latte vegetale autoprodotto in frigorifero per 3-4 giorni in un recipiente ben chiuso. Ricordatevi di agitarlo prima dell'uso;
- anche se queste bevande sono comunemente definite come "latte", per legge tale nome è applicabile solamente al latte vaccino e, più generalmente, ai prodotti derivanti da mungitura animale. In commercio, quindi, troverete i "latti vegetali" con la definizione di "bevanda di soia", "di riso" ecc.

LE PROTEINE VEGETALI

Si tratta certamente di una delle più annose questioni riguardanti l'alimentazione veg. Scopriamo insieme da quali alimenti è possibile assumerle al meglio.

LEGUMI

Sono stati alla base della nostra alimentazione per moltissimi decenni, poi i legumi, definiti "la carne dei poveri", si sono allontanati dalle nostre tavole, rimanendo spesso ingrediente occasionale o tipico solo dei piatti regionali. Invece sono ingredienti davvero fondamentali per la nostra salute poiché apportano nel nostro organismo proteine di buon valore.
I legumi si trovano in commercio in diverse forme: freschi (solo in stagione), surgelati, precotti in barattolo (inscatolati nel liquido di cottura, costituito da acqua e sale oppure acqua e zucchero) o secchi. Ovviamente, da un punto di vista di conservazione delle proprietà organolettiche e quindi del valore nutrizionale, i legumi freschi sono i migliori, seguiti da quelli surgelati, poi da quelli secchi e infine dai legumi in barattolo.
Come fare per cucinare al meglio quelli secchi?

CONTROLLO: controllate i semi e lavateli in acqua corrente. Perché? I legumi disidratati e confezionati possono contenere scarti di lavorazione (frammenti di baccello, picciolo ecc), impurità (polvere, frammenti di sasso ecc.) o difetti (semi atrofici, anneriti ecc.), quindi è sempre bene controllarli, per eliminare eventuali componenti indesiderate ed eliminare la polvere e le prime impurità.

AMMOLLO: è necessario e fondamentale per la buona riuscita della preparazione, poiché l'amido e le fibre solubili contenuti all'interno dei legumi, se non reidratati e sottoposti direttamente al calore del trattamento termico, reagiscono indurendosi ulteriormente, rendendo quindi i legumi sgradevoli da mangiare. Il tempo varia a seconda della grandezza e della varietà del seme. L'acqua da utilizzare è a temperatura ambiente e in quantità pari a circa 3 volte il peso dei legumi secchi (oppure, più semplicemente, basta che il liquido ricopra i semi per almeno 3 cm); si consiglia di cambiare l'acqua 1 o 2 volte per evitare la fermentazione batterica.

COTTURA: la cottura ideale è lenta e prolungata nel tempo, a fuoco basso e in abbondante acqua fredda. I legumi vanno messi in una casseruola alta, adatta alle cotture prolungate, insieme all'acqua fredda (pari a due volte il volume dei legumi), al contrario di quello che si fa normalmente per altri cibi per i quali si aspetta la bollitura dell'acqua, in modo che entrambi raggiungano la temperatura gradualmente. A questo punto possiamo procedere alla cottura, avendo cura di utilizzare un coperchio, per evitare troppa dispersione di vapore, e mescolando quando necessario.

DUE CONSIGLI: potete aggiungere un pezzetto di alga kombu o una foglia di alloro nell'acqua di cottura per rendere più digeribili i legumi; aggiungete sale solo alla fine della cottura, per evitare che la buccia diventi troppo dura e di difficile consumo.

SEITAN

Si tratta di un alimento altamente proteico ricavato dal glutine del grano tenero o da altri cereali. La sua storia è antica e inizia in Oriente: è un alimento tipico della tradizione culinaria giapponese dove, in origine, si diffuse come cibo della disciplina zen sotto il nome di *kofu*, che significa «glutine di grano». Furono proprio dei monaci buddisti a inventare questo nuovo cibo poiché erano alla ricerca di un alimento proteico alternativo alla carne. La parola "seitan" venne invece coniata dall'esperto di macrobiotica Georges Ohsawa per indicare un cibo alla portata di tutti.
Il seitan ha un apporto proteico elevato, ma è completo solo se abbinato (nello stesso piatto oppure nella stessa giornata) al consumo di legumi come piselli, fagioli e ceci, che completano gli aminoacidi mancanti del glutine. Il seitan contiene pochi grassi; le calorie sono circa 120 per ogni 100 g di prodotto, quindi paragonabili a quelle della carne, senza però i grassi saturi e il colesterolo di quest'ultima. Essendo un alimento costituito quasi interamente da glutine deve essere consumato con moderazione, al massimo una volta o due alla settimana.

LA MAGIA DELL'AQUAFABA

Forse non sapete che Joël Roessel, amante della cucina vegana, di nazionalità francese e tenore di professione, durante i suoi esperimenti legati alle emulsioni vegetali, nel dicembre del 2014 scoprì che l'acqua di cottura di alcuni legumi, come i ceci, poteva essere "montata" creando una massa schiumosa e stabile del tutto simile all'albume montato. Ma colui che per primo creò le incredibili meringhe vegan fu il signor Goose Wohlt, ingegnere vegano.
Ma come funziona l'acqua dei legumi che "monta"? Prima di tutto diciamo che una risposta scientifica e univoca ancora non è stata trovata ma certamente una delle ipotesi più attendibili è data dalla presenza di un buon contenuto di proteine all'interno del liquido di cottura dei legumi.
Per questo motivo l'aquafaba che funziona meglio è quella dei ceci. In secondo luogo, la stabilità della meringa in cottura è data anche dalla presenza dello zucchero: più zucchero inseriamo, più la meringa risulterà solida.

Così come il tofu, che vedremo fra poco, anche il seitan è davvero molto versatile in cucina e può essere interpretato in moltissimi modi, tenendo sempre conto che si tratta di un alimento già cotto.
Perfetto con una base di soffritto semplice: potete passare le fette di seitan in padella e accompagnarle con tutte le verdure di stagione che preferite. Potete gustare il seitan anche tagliandolo a fette più sottili e cucinandolo come le scaloppine: passatelo nella farina (magari di ceci), soffritto di base, succo di limone a portata di mano. Non poteva mancare un consiglio dedicato alla frittura. La panatura rende eccezionale (ancora di più) questo alimento. Realizzatela con una base di farina (anche di ceci) e pangrattato fine. Friggete in poco olio e gustate. Una volta tritato più o meno finemente al coltello, oppure con un tritatutto, insieme a carota, sedano e cipolla, il seitan diventa la base per un ragù da urlo.
Perfetto anche tritato per realizzare delle polpette, può diventare un alimento salva-cena dell'ultimo minuto se mescolato con verdure, frutta secca, un po' di farina di ceci e olio per amalgamare il tutto.

TOFU

Definito anche caglio di semi di soia, il tofu è un alimento ricco di proteine vegetali che si ottiene dalla cagliatura del latte di soia e dalla sua pressatura in blocchi. A seconda della tipologia di caglio che si utilizza è possibile ottenere consistenze diverse del prodotto finito, con diverse porosità e differenti caratteristiche microscopiche.
Ci sono diverse teorie sull'origine del tofu, più o meno veritiere, ma si conviene sul fatto che il prodotto esistesse già nel II secolo d.C., anche se in una forma e con procedimenti di realizzazione diversi dagli attuali. Essendo sempre stato riconosciuto per il suo apporto proteico, è considerato un alimento ideale per una dieta vegana e vegetariana e, abbinato alla diffusione storica del buddismo, si è poi diffuso in quasi tutto l'estremo Oriente (Cina, Giappone, Corea, Vietnam, Thailandia, Cambogia); ai giorni nostri è presente anche nei supermercati della grande distribuzione.
Dalla realizzazione del tofu si ottiene anche l'okara, ossia l'insieme di fibre, proteine e amido che rimangono una volta che il latte di soia è stato estratto dalla soia gialla bollita e filtrata. Esistono varie tipologie di tofu, ma quelle che possiamo incontrare con più frequenza nel fare la spesa sono due: il tofu in panetti e il tofu vellutato, detto anche "silken". Il primo è quello di uso più comune, ha una consistenza compatta ma morbida e si può cucinare davvero in moltissimi modi: fritto, alla piastra, frullato al naturale con delle erbe per ottenere una crema spalmabile, in padella, frullato grossolanamente per ottenere un ragù, come ripieno per polpette e burger, e anche nei dolci. Il tofu vellutato, invece, si utilizza prevalentemente nella pasticceria vegan per ottenere creme al cucchiaio, farciture o, al posto delle uova, per dare consistenza e un buon potere legante agli impasti. Il suo sapore è abbastanza neutro, perciò si adatta davvero a molte preparazioni. Se utilizzate il panetto, è meglio farlo sbollentare in acqua per qualche minuto per eliminare l'eventuale nota amara e renderlo più morbido.

MERINGHE VEGAN

INGREDIENTI PER 20-25 MERINGHE DI 5 CM DI DIAMETRO:
150 ml di acqua di cottura dei ceci
(meglio il liquido di governo di quelli confezionati),
165 g di zucchero di canna integrale,
1 cucchiaino da tè di succo di limone

Versate l'acqua dei ceci in una ciotola capiente e dai bordi alti e iniziate a montare: potete utilizzare una frusta a mano o elettrica, con la planetaria o con un robot da cucina.

Montate l'acqua dei ceci finché non diventerà una spuma bella soda, corposa e soprattutto ferma: ci vorranno dai 2 ai 5 minuti circa. Aggiungete al composto lo zucchero integrale e il succo di limone e fate incorporare delicatamente, sempre con la frusta. Continuate a montare fino a ottenere un composto liscio, lucido e sodo.

A seconda del metodo utilizzato ci vorranno dai 2 ai 5 minuti circa. Aromatizzate e colorate le meringhe aggiungendo al composto cacao, curcuma, estratto di vaniglia o quello che vi suggerisce la fantasia. Mettete il composto in una tasca da pasticciere e formate le vostre meringhe su una leccarda ricoperta da carta da forno. Potete spolverizzarle con granella di frutta secca o scaglie di cioccolato.

Infornate a 100 °C (forno ventilato) per circa 90 minuti, fino a quando le meringhe non si saranno indurite.

TEMPEH

Originario del Sudest asiatico e molto diffuso soprattutto in Indonesia, è ottenuto attraverso un processo di fermentazione dei fagioli di soia gialla. Per il suo aspetto, ma soprattutto per il suo elevato contenuto proteico, il tempeh viene spesso definito "carne di soia". La sua storia inizia con molta probabilità nell'isola di Java; i primi riferimenti scritti a questo alimento sono datati 1815 e si trovano nelle pagine del *Serat Centhini*, una delle più grandi opere della letteratura giavanese, in cui vengono raccolti usi, costumi, storia e tradizione dell'Indonesia.

La fermentazione si ottiene aggiungendo ai fagioli di soia cotti un elemento acidificante, come l'aceto, e un microrganismo in grado di attivare il processo, il fungo *Rhizopus oligosporus*, oggi ottenuto industrialmente. Il composto viene lasciato riposare per circa 24 ore a una temperatura di 30 °C. A fermentazione ultimata, i semi risulteranno saldati tra loro grazie ai miceli, l'intreccio di filamenti bianchi che conferisce al tempeh la compattezza e il colore che lo contraddistinguono. Questo derivato della soia può essere impiegato nei più svariati modi: come condimento per paste, riso, minestre e panini o anche da solo, stufato, fritto o cotto al vapore e accompagnato con verdure. Tritato finemente può essere utilizzato come base per un gustoso ragù vegetale. Il tempeh presenta tutte le proprietà dei fagioli di soia: è ricco di fibre, vitamine e, soprattutto, proteine. La fermentazione lo rende, inoltre, assai più digeribile dei tradizionali semi di soia.

MOPUR

A metà strada fra il seitan e il muscolo di grano (*vedi* sotto) troviamo il mopur, un alimento proteico che oltre alla farina di grano e alla farina di legumi possiede fra i suoi ingredienti anche il lievito madre, in pasta oppure essiccato, elemento che lo caratterizza e lo rende diverso dagli altri alimenti proteici per vegetariani e vegani. È proprio il lievito, infatti, a garantire al mopur una struttura alveolata e leggera che, riducendo la quantità di glutine presente, fa sì che questo alimento sia abbastanza leggero e versatile. Anche il mopur si può preparare in casa e si presta a moltissime preparazioni. Lo si trova anche in commercio, perlopiù sotto forma di affettato che può essere gustato con rucola, olio e limone, oppure inserito nei panini o ancora sminuzzato per un condimento veloce su un'insalata.

MUSCOLO DI GRANO

Si tratta del prodotto della lavorazione della farina di grano con farina di legumi (come quella di lenticchie, per esempio) e acqua. La sua lavorazione è molto simile a quella del seitan, così come la sua consistenza e i suoi impieghi.

Così come il seitan, anche il muscolo di grano, inventato in Italia, in Calabria, da Enzo Marascio nel 1991, può essere preparato in casa senza grosse difficoltà. Si tratta di un prodotto privo di colesterolo, ma con un livello proteico molto buono dato dalla combinazione tra frumento e legumi. Il suo apporto proteico, quindi, è migliore di quello del seitan, che per essere completo deve essere abbinato, come abbiamo visto, con dei legumi consumati nello stesso pasto oppure durante la stessa giornata. Può essere consumato in vari modi, anche freddo in insalata, sotto forma di medaglioni da ripassare in padella con olio e verdure oppure come spezzatino accompagnato da salse e sughi.

GERME DI GRANO

Il germe di grano è la fogliolina dell'embrione racchiusa nel chicco di frumento secco, così com'è prima della germinazione. Misura appena 1 mm quadrato ed è poco visibile se non viene separata dal chicco. Sebbene non si tratti di un vero e proprio alimento, bensì di un integratore alimentare naturale, il germe secco è una vera riserva di vitalità, ricco di preziosi elementi nutritivi come pochi altri alimenti. Si tratta di piccoli fiocchetti giallastri, che si possono utilizzare proprio come tutti gli altri cereali e aggiungere a qualunque pietanza: muesli, zuppe, pastasciutta (come sostituto del formaggio grattugiato, con l'aggiunta di olio, prezzemolo, aglio e aromi), sformati, creme, yogurt, frullati di frutta. Ha un gusto leggero e gradevole, più delicato della noce. L'unica accortezza è di consumarlo crudo (in questo modo si mantengono intatte tutte le sue proprietà, soprattutto la rara vitamina E, le vitamine del complesso B e gli acidi grassi) senza superare la dose giornaliera di 50 grammi. Il germe di grano si vende sfuso o in pacchetti con l'indicazione della data di scadenza. È infatti un prodotto molto deperibile (attrae gli insetti ed è sensibile al calore e alla luce). Per questo è bene conservarlo in barattoli di vetro ben chiusi, in frigorifero o in un luogo buio alla temperatura massima di 20 °C. Il germe di grano è un vero e proprio concentrato di sostanze nutritive come aminoacidi, acidi grassi, sali minerali, vitamine del gruppo B e tocoferolo (vitamina E). Purtroppo solitamente tale embrione viene eliminato insieme agli involucri esterni durante il processo di raffinazione del grano, privando la farina di frumento di buona parte del suo prezioso carico di fibre, vitamine e sali minerali. Quest'operazione si rende necessaria per motivi organolettici ma anche per aumentare i tempi di conservazione, dato che gli acidi grassi contenuti nel germe irrancidiscono rapidamente. Nei cereali integrali sono invece presenti tutte e tre le parti del chicco.

LA FARINA: DALLA BIANCA ALL'INTEGRALE

Tranquilli, la farina non ha controindicazioni per vegetariani e vegani, eppure è bene conoscerne le caratteristiche per scegliere al meglio che cosa consumare.

La farina è il prodotto della macinazione dei cereali o di altri ingredienti come, per esempio, i legumi o i "falsi cereali" (amaranto, grano saraceno, quinoa). In Italia esiste una legge (la numero 187 del 9 febbraio 2001) che ne descrive e determina le caratteristiche, gli utilizzi e anche le denominazioni. A seconda delle modalità con cui viene macinata e trattata essa assume caratteristiche organolettiche diverse, che influiscono sul risultato delle preparazioni.

LA RAFFINAZIONE

La cucina vegetariana e quella vegana prediligono l'uso di farine integrali perché più proteiche e migliori per il nostro organismo.
Le farine di cereali vengono suddivise anche in base al loro livello di raffinazione. Il chicco di grano è costituito da varie parti: il guscio esterno, che contiene fibre, vitamine del gruppo B e minerali; l'endosperma, la "polpa" del chicco, che contiene amido, proteine e vitamine sempre del gruppo B ma in basse quantità; il germe o "cuore" del chicco, dove si trovano vitamine dei gruppi B ed E ma anche proteine.
Quando i chicchi subiscono il processo di macinazione e poi di abburattamento (ossia di setacciatura) che divide la crusca dal resto, abbiamo la raffinazione. Ecco le varie tipologie di farine ottenute dai diversi tipi di raffinazione.

- **FARINA 00:** è la più raffinata, il chicco viene privato sia del germe che dell'involucro esterno (crusca). Questa farina è costituita in prevalenza da amido e la sua grana risulta particolarmente fine, simile a talco.

- **FARINA 0:** presenta un grado di raffinazione leggermente minore e in alcuni casi può contenere piccole tracce di crusca, ma risulta sempre a composizione prevalentemente amidacea. La differenza con la prima è pressoché inesistente.

- **FARINA 1:** in questo caso abbiamo una raffinazione minore con un residuo di ceneri (così vengono chiamate le parti rimanenti di crusca e germe) maggiore, circa 0,80 g su 100.

- **FARINA 2:** detta anche semintegrale, contiene un maggior numero di ceneri, circa 1 g su 100.

- **FARINA INTEGRALE:** la farina viene solo macinata (meglio se a pietra) ma non viene sottoposta ad abburattamento. Questa farina, se di qualità, è ricca di nutrienti. Il tasso di ceneri presente si aggira fra 1,30 e 1,70 su 100 g. È preferibile sceglierla biologica, poiché sulla crusca possono depositarsi gli antiparassitari.

Anche nella farina integrale, però, possono nascondersi delle insidie. La legislazione italiana permette di definire "integrale" anche farine raffinate a cui sia stata aggiunta una parte di crusca. Tutto ciò accade prevalentemente perché le farine realmente integrali hanno un tempo di vita commerciale molto limitato: proprio per questo motivo nella storia della gastronomia si è progressivamente passati all'utilizzo prevalente di farine raffinate.

0!

La farina 00 o la 0 non sempre possono essere sostituite nelle preparazioni, soprattutto se parliamo di prodotti particolari di pasticceria, perché la maglia glutinica che viene sviluppata durante la lavorazione è diversa. La farina bianca non fa male in assoluto, solo non deve essere la farina predominante della nostra alimentazione. Un'ottima farina per sostituire sempre le farine 0 e 00 è la farina di farro.

LE ALTRE FARINE

La farina non proviene solamente dal grano tenero o dal grano duro ma si può ottenere da moltissimi altri ingredienti come i legumi, il riso, il farro e alcuni pseudocereali (quinoa, grano saraceno). Alcune farine, se siete in possesso di un buon robot da cucina o di un macinacaffè molto potente, si possono preparare anche in casa.

- **DI CECI:** ottenuta dalla macinazione dei semi essiccati, viene utilizzata come ingrediente base di molte ricette tipiche delle cucine regionali italiane. Pensiamo, per esempio, alla farinata ligure o alle panelle siciliane. Mescolata a farina di grano duro può essere usata anche per preparare la pasta fresca, come elemento base per la pastella e per fare gli gnocchi.
  Per realizzarla in casa è necessario prima sciacquare molto bene i ceci e poi tostarli in forno per 15 minuti a 150 °C circa.

- **DI RISO:** la farina di riso, chiamata in giapponese *mochiko*, si ottiene macinando il chicco privato della buccia. È totalmente priva di glutine e per questo non sempre è possibile utilizzarla come sostituto della farina di grano nelle preparazioni. Si trova in commercio sia classica che integrale. Quest'ultima ha un sapore più determinante e rotondo. È ottima come addensante e anche come leggero scrub per la pelle, in abbinamento con olio di mandorle dolci. È perfetta anche per l'impanatura dei fritti.

- **DI FARRO**: questa farina si ottiene dalla macinazione del chicco decorticato del farro maggiore (detto spelta, uno dei tre tipi di farro coltivati). Il suo costo, decisamente più alto rispetto alle classiche farine di frumento, è dovuto proprio alla particolare lavorazione a cui viene sottoposto il chicco, che non può essere macinato subito dopo la raccolta ma deve prima essere privato della parte più esterna (la lolla). È possibile trovare in commercio la farina di farro integrale ma anche quella tratta dal farro perlato, ossia dal chicco a cui viene tolto il pericarpo, una delle parti più esterne. Questa farina è ottima per sostituire la farina 00 e la 0 in quasi tutte le preparazioni.

- **DI LENTICCHIE:** si ottiene dalla macinazione delle lenticchie di qualsiasi tipo ed è ricca di ferro e acido folico. Si tratta di una farina priva di glutine, ed essendo le lenticchie un'ottima fonte di proteine è anch'essa ricca di questi importanti elementi. È possibile utilizzarla, insieme alla farina di frumento, in molti impasti, sia dolci che salati. Non sempre è facile trovarla nei negozi, ma è possibile ottenerla in casa macinando semplicemente le lenticchie secche con un buon robot da cucina.

- **DI GRANO SARACENO:** anche in questo caso si tratta di una farina senza glutine. Fa parte della nostra tradizione culinaria e può essere utilizzata in molti modi, per esempio per preparare della pasta fresca, se mescolata con acqua, sale e farina 0 pari alla metà del suo peso (per esempio, useremo 100 g di farina 0 e 200 g di farina di grano saraceno). Perfetta anche per i dolci, è ricca di fibre e conferisce agli impasti un carattere rustico. Abbinamenti perfetti? Mele, nocciole, spinaci, patate, carote.

- **DI QUINOA:** dai piccoli semi della quinoa si può ottenere anche una leggerissima farina senza glutine da utilizzare per preparazioni sia dolci che salate. Per la preparazione di prodotti da forno è necessario ricordarsi sempre di mescolare all'impasto il 20-30% di farina che generi glutine.

- **FARINA DI TEFF:** il teff è un cereale privo di glutine, quindi adatto a chi soffre di celiachia, i cui chicchi sono minuscoli (appena 0,8 mm di diametro). Originario dell'Etiopia e dell'Eritrea, è molto utilizzato per produrre l'injera, un pane ricco di proteine (50 g di teff contengono ben 7 g di proteine) che viene utilizzato come piatto e come posata per mangiare. L'injera si spezza infatti con le mani e serve da "cucchiaio" per raccogliere i cibi presenti sulla tavola. Esistono due varietà di teff: quello bianco, dal sapore più delicato, e quello rosso, dal sapore più ricco e intenso. Dato il diametro del chicco, in fase di macinatura non è possibile separare il germe dalla buccia, quindi la farina ha un elevato contenuto di fibre, vitamine (soprattutto del gruppo B) e minerali, come calcio, ferro, potassio e magnesio. Qui da noi è una farina ancora poco conosciuta, ma è possibile reperirla nei negozi biologici oppure online.
  Come usare il teff in cucina?
  I granelli, dal sapore dolce e delicato che ricorda la noce, possono essere mangiati crudi oppure sostituire i semi oleosi o la frutta secca nelle ricette.
  I granelli cotti, invece, sono ottimi in abbinamento ai legumi, in particolare fagioli e ceci, e al tofu.
  La farina di teff non è indicata solo per preparare il pane, ma anche per la creazione di ricette, sia dolci, come biscotti, torte e pancake, sia salate come pizza, cracker, gallette o grissini; inoltre è ottima anche come addensante per zuppe o passati di verdure.

OLI E GRASSI VEGETALI

I grassi vegetali hanno il vantaggio di essere privi di colesterolo e ricchi di acidi grassi "buoni". I più usati sono gli oli, ricavati da spremitura o estrazione da frutti e semi. Ecco i principali.

OLIO EXTRAVERGINE DI OLIVA

Tipico dell'area mediterranea, se consumato nelle giuste quantità aiuta a contrastare l'aumento e il deposito di colesterolo nel sangue, combatte l'invecchiamento e svolge una funzione antimicrobica e antinfiammatoria. Tutto merito delle sostanze "buone" che lo compongono e di cui è ricco: acido oleico, polifenoli e grassi mono e polinsaturi. Il consumo consigliato è di circa 3 cucchiai al giorno (pari a circa 10 g a porzione). Altamente digeribile, è ideale per i condimenti a crudo e, sotto il profilo nutrizionale, è da preferire anche nelle cotture. Nella cucina vegetariana e vegana costituisce un'ottima alternativa al burro (anche se per le ricette dolci è meglio sceglierlo in base alla provenienza: gli oli liguri o del Garda sono più delicati e più adatti alle sostituzioni nei dolci, mentre quelli toscani e pugliesi sono meno adatti perché hanno un sapore più marcato). Per le fritture preferite alla varietà extravergine l'olio d'oliva, più resistente e meno facile a degradarsi.

OLIO DI GIRASOLE

Ricco di acidi grassi insaturi e vitamina E, in cucina lo si usa soprattutto per condire insalate e piatti di verdure e per preparare sughi, salse e condimenti, mentre non è indicato per le fritture (a meno che non si tratti di una varietà "alto oleico", ovvero ad alto contenuto di acido oleico, che lo rende più stabile e adatto anche a questo tipo di cottura, oltre che più economico rispetto all'olio d'oliva). Va conservato in frigorifero, preferibilmente in bottiglie di vetro scuro, o comunque al riparo da fonti di luce e di calore dirette.

OLIO DI ARACHIDI

La sua composizione è simile a quella dell'olio extravergine di oliva, ma rispetto a quest'ultimo ha un gusto più delicato che lo rende adatto nella preparazione dei dolci come sostituto del burro. Ha un'alta resistenza e un alto punto di fumo, che lo rendono particolarmente indicato per le fritture.

OLIO DI MAIS

È considerato un olio da tavola; potete usarlo a crudo per condire l'insalata e le verdure, mentre non è particolarmente indicato per friggere. In sostituzione del burro è l'ideale per ottenere frolle friabili e impasti di base per le vostre torte preferite, essendo anche piuttosto neutro dal punto di vista del sapore. In questo caso, la proporzione da seguire sarà la seguente: 80 g di olio ogni 100 g di burro.

OLIO DI SOIA

Si estrae dai semi della soia attraverso un procedimento che prevede l'utilizzo di solventi chimici. Ricco di acidi grassi polinsaturi, l'olio di soia va usato come condimento a crudo, mentre non è indicato per cotture e fritti. Per la sua composizione, è facile all'irrancidimento: è per questo che, per rendere il prodotto più stabile, molte varietà che trovate in commercio vengono sottoposte a un processo di parziale idrogenazione, che tuttavia ne impoverisce il profilo nutrizionale. Leggete bene l'etichetta e prediligete l'olio di soia grezzo, possibilmente non idrogenato ed estratto a freddo.

OLIO DI LINO

Fonte straordinaria di omega-3, è ottenuto attraverso la spremitura a freddo dei semi di lino. Usatelo quotidianamente come condimento a crudo su insalate e verdure, ma accertatevi di acquistarlo da banchi refrigerati e conservatelo sempre in frigorifero (è sensibile a luce e calore e si denatura in fretta). La dose consigliata è di 2 cucchiaini al giorno. Non va mai usato in cottura.

OLIO DI CANAPA

Ideale per condire a crudo insalate, verdure e zuppe, ha un sapore molto delicato che ricorda quello della nocciola e, soprattutto, ottime proprietà nutrizionali: è infatti ricco di acidi grassi omega-3 e omega-6. Ha però un basso punto di fumo che lo rende inadatto alla frittura. Come per gli altri oli vegetali, è da preferire l'olio di canapa estratto a freddo e va conservato lontano da fonti di luce e di calore, in bottiglie di vetro scuro.

OLIO DI GERME DI GRANO

Ottenuto dalla spremitura dei chicchi del grano, è ricchissimo di vitamina E (se estratto a freddo e senza solventi) e si usa per lo più a crudo per condire verdure e insalate. Nelle erboristerie potete trovare anche integratori a base di olio di germe di grano che, per le qualità antiossidanti e nutritive di quest'olio, risultano dei buoni energizzanti. È ovviamente sconsigliato ai celiaci.

OLIO DI SESAMO

Molto usato nelle cucine orientali, ricco di vitamina E e calcio, ha un gusto simile a quello delle nocciole tostate; è ideale come condimento per dare un tocco deciso ai piatti salati. A differenza della maggior parte degli oli di semi, non irrancidisce facilmente e può essere conservato anche a temperatura ambiente.

OLIO DI RISO

Estratto dal germe dei chicchi di riso, ha un sapore delicato adatto per i condimenti a crudo. Particolarmente ricco di acidi grassi insaturi e vitamina E, ha riconosciute proprietà antiossidanti, soprattutto nei prodotti spremuti a freddo, che sono sempre da preferire. Avendo un alto punto di fumo può essere usato anche per soffritti e fritture.

OLIO DI ARGAN

Famoso soprattutto per le virtù cosmetiche, questo olio di origine marocchina viene prodotto anche per uso alimentare. Ha un sapore leggermente tostato, che richiama quello della nocciola e del sesamo, ed è impiegato soprattutto a crudo per condire insalate e verdure cotte, pane e cuscus. È ricco di acidi grassi insaturi, acido linoleico e oleico e vitamina E.

OLIO DI COLZA

Si tratta di un olio raffinato che trova largo impiego nell'industria alimentare, specialmente nei prodotti confezionati da forno e nelle margarine. Sotto il profilo nutrizionale è molto dibattuto per l'alto contenuto di acido erucico, un acido grasso monoinsaturo considerato cardiotossico. A oggi, tuttavia, non esistono studi che ne confermino la pericolosità per la salute in via definitiva, né che lo classifichino come un olio "buono". Seppur preferibile all'olio di palma, perché contenente una buona percentuale di grassi "buoni" polinsaturi, si tratta di un olio molto economico, non estratto a freddo (come dovrebbe essere, invece, un olio di qualità) e ottenuto mediante processi di raffinazione chimica, sbiancato attraverso l'uso di solventi e calore.

OLIO DI PALMA

Molto usato dall'industria alimentare perché stabile, resistente alle alte temperature e in grado di conferire la giusta croccantezza, l'olio di palma è salito alla ribalta della cronaca negli ultimi anni grazie ad alcune iniziative di carattere popolare che hanno chiesto, con successo, ai grandi produttori di bandirlo dai propri prodotti. Ma perché? La questione è legata a due aspetti principali: quello ambientale-animalista e quello salutista. L'olio di palma deriva dalla spremitura del frutto della palma da olio, che viene coltivata prevalentemente in Malesia e in Indonesia, a scapito della foresta pluviale. A causa della sempre maggior richiesta da parte del mercato internazionale, sono sempre di più le aree deforestate, incendiate e poi coltivate a palma, con danni irreversibili alla biodiversità. Sul tema "salute", invece, la questione è semplice: l'olio di palma è costituito per il 50% da grassi saturi ed è, insieme all'olio di cocco e al burro di cacao, il grasso vegetale peggiore per la nostra salute. La questione olio di palma è legata anche alle dosi di consumo. Lo ha evidenziato l'Istituto Superiore di Sanità nel 2016, sottolineando come, dal punto di vista nutrizionale, i fattori di rischio di questo alimento non sarebbero dovuti al solo consumo di prodotti contenenti olio di palma quanto piuttosto alla più generale composizione della dieta quotidiana, generalmente troppo ricca di grassi saturi.

OLIO DI COCCO

Nonostante il nome, esattamente come l'olio di palma è un olio tropicale allo stato solido, ottenuto dalla polpa essiccata della noce di cocco. Ha una composizione che lo rende molto stabile e resistente e quindi è particolarmente adatto ai processi industriali come alle fritture. Come tutti i grassi solidi, però, è ricco di grassi saturi e può contenere grassi trans. Per questo motivo gli sono da preferire i più salutari oli vegetali veri e propri.

BURRO VEGETALE

Dà persistenza ai sapori, conferisce fragranza e croccantezza ai prodotti da forno, rende morbidi e omogenei gli impasti e assicura una lievitazione uniforme. È per ottenere questi effetti che nelle preparazioni dolci e salate usiamo il burro, un grasso solido di origine animale che può essere facilmente sostituito in cucina da diverse tipologie di burro vegetale, ovvero burro non ottenuto da latte vaccino. Il risultato? Piatti con minor contenuto di grassi saturi e quindi più leggeri e più sani. Il burro da latte vaccino, infatti, è ricco di colesterolo ed è composto per circa l'80% da grassi (e per la restante parte da acqua, lattosio e proteine). Quelli vegetali, invece, contengono zero colesterolo e quantità limitate di grassi saturi. Ne esistono diverse varietà, che potete trovare facilmente in commercio, ma anche preparare da soli a casa. Scopriamole insieme.

BURRO DI SOIA

È ottenuto dal latte di questo legume e da olio extravergine di oliva. È l'ingrediente base della besciamella vegana, ottima per condire le lasagne e dare sapore alle verdure gratinate. Si trova facilmente in commercio, ma fate attenzione all'etichetta: quello industriale spesso contiene olio di palma.

INGREDIENTI: 100 ml di olio extravergine di oliva, 50 g di latte di soia al naturale (senza zucchero e senza sale), 1 pizzico di sale, qualche goccia di succo di limone.

Aggiungete il latte di soia all'olio insieme al sale e alle gocce di succo di limone e, con un frullatore a immersione, amalgamate il tutto fino a ottenere un composto cremoso e uniforme. Il burro è già pronto all'uso: potete conservarlo in frigorifero per 3-4 giorni.

BURRO DI CACAO

Si tratta di una miscela di sostanze grasse ricavata dai semi di cacao tramite un processo di pressatura ed esposizione delle fave ad alte temperature: è un vero e proprio burro vegetale. A temperatura ambiente ha una consistenza solida e fonde intorno ai 32-35 °C. È l'ingrediente di base del cioccolato, ma tra le caratteristiche che lo rendono versatile in cucina c'è anche l'alto punto di fumo, che si aggira intorno ai 230 °C ed è quindi decisamente superiore sia a quello del burro vaccino che a quello dell'olio extravergine di oliva (per questo può essere usato per i soffritti). In pasticceria il suo utilizzo dona un delizioso retrogusto di cacao: provatelo nelle ricette natalizie del pandoro e del panettone vegano.

INGREDIENTI: 60 ml di latte di soia (più 2 cucchiai di latte di soia aggiuntivi per stemperare il cacao), 5 ml di aceto di mele, 12 g di lecitina di soia, 15 g di cacao in polvere, 15 ml di sciroppo di agave, 1 pizzico di vaniglia, 120 ml di olio di cocco.

In una tazza mescolate un paio di cucchiai di latte di soia con il cacao, aggiungete l'aceto di mele e lasciate riposare per qualche minuto. Versate il tutto nel frullatore insieme all'olio, al

latte di soia, alla lecitina, allo sciroppo d'agave e alla vaniglia. Frullate fino a ottenere un composto omogeneo, che lascerete solidificare in freezer per almeno qualche ora. Il vostro burro di cacao è ora pronto per essere usato. Potete conservarlo sia in frigo che in freezer.

BURRO DI MANDORLE

Le mandorle possono essere impiegate anche per preparare un cremoso burro che potrete usare come ingrediente sia per i biscotti che per gli impasti di base delle torte. Molto simili sono anche il burro di noci e il burro di nocciole. Si trovano in commercio, ma prepararli in casa è davvero molto semplice, richiede solamente un po' di pazienza.

INGREDIENTI: 300 g di mandorle sgusciate (o di noci o di nocciole), meglio se biologiche, 1 pizzico di sale.

Scaldate leggermente le mandorle in padella o nel forno, facendo attenzione a non farle tostare. Fatele raffreddare e con un robot da cucina iniziate a frullarle. Fermatevi periodicamente per non lasciare riscaldare troppo le lame. Per facilitare il processo, se volete potete aggiungere a poco a poco 15 ml di olio d'oliva o di girasole; unite poi il sale. Vedrete che a poco a poco le mandorle assumeranno una consistenza farinosa: non demordete e continuate a frullare fino a quando le vostre mandorle non avranno assunto una consistenza cremosa. A quel punto, il vostro burro sarà pronto all'uso. Potete conservarlo per qualche giorno in frigorifero in un contenitore di vetro.

BURRO DI ARACHIDI

INGREDIENTI: 500 g di arachidi da sgusciare, 3 cucchiai di olio di semi o di oliva, mezzo cucchiaino di zucchero o di sale (per un burro dolce o salato)

Dopo aver sgusciato le arachidi, eliminando anche la pellicina più sottile che le ricopre, fatele tostare in forno o in padella per qualche minuto. Mettetele in un frullatore potente e aggiungete olio e zucchero. Frullate per bene, procedendo per step intermedi, rimescolando il composto finché non avrete ottenuto la consistenza desiderata.
Versate il burro in un vasetto di vetro e conservatelo in frigorifero per almeno 3 ore prima di consumarlo.
Si conserva in frigorifero al massimo per 10 giorni.
È meglio consumarlo abbastanza freddo, perché quando è caldo rilascia molta sostanza grassa e diventa più liquido.

BURRO DI COCCO
Ha un aroma incredibile: potete provarlo subito per cucinare dei biscotti vegan aromatici e fragranti, ideali per la colazione dei bambini. Ecco come autoprodurlo.

INGREDIENTI: 1 noce di cocco, acqua calda.

Prendete la noce di cocco, apritela e separate la polpa dal guscio. Tritate la polpa insieme ad acqua calda e lasciate macerare per almeno mezz'ora. Filtrate il composto con uno scolapasta ricoperto con un canovaccio e avrete ottenuto il latte di cocco. A questo punto, inserite un colino in una ciotola e copritelo con un canovaccio di cotone pulito. Versateci sopra il latte di cocco in modo da separare la parte grassa del latte. Lasciate sgocciolare il vostro latte in frigorifero per almeno 6 ore: il latte sgocciolato si sarà solidificato e avrete estratto il vostro burro di cocco, che potrete conservare in frigorifero. Il burro di cocco può essere ottenuto anche frullando la farina di cocco fino a ottenere un composto mediamente compatto, che va lasciato solidificare in frigorifero per almeno 6-8 ore.

Per le sostituzioni, in generale per tutti i burri vegetali potete calcolare una quantità corrispondente a quella di burro vaccino (riducendo la dose all'80% per i burri dal sapore più marcato, come quello di cacao o di cocco, e integrando la dose rimanente con latte vegetale).

PANNA VEGETALE

Le panne vegetali (non derivanti cioè da latte vaccino) che si trovano normalmente in commercio possono essere prodotte a partire da oli vegetali (la cui natura deve essere specificata per legge in etichetta). Per renderle stabili e adatte alla montatura queste panne sono sottoposte però a un processo di idrogenazione che le arricchisce di grassi poco salutari (i grassi saturi e i grassi trans). Inoltre, i generici prodotti "a base vegetale" (questa l'indicazione che trovate sulla confezione), anche se non derivanti da latte vaccino, possono comunque contenere additivi di origine animale e non essere quindi vegani. Diverso è il caso delle alternative 100% vegetali alla panna a base di soia, riso, cocco, avena. Per condimenti salati, per esempio, potete optare per una panna di soia priva di zuccheri. Abbiate però l'accortezza di scegliere una varietà dal sapore delicato, per evitare che il gusto della soia prevarichi quello degli altri ingredienti. Per i dolci, invece, preferite la panna di riso o quella di cocco: la dolcezza naturale di questi ingredienti si sposerà meglio con quella della vostra preparazione. Proprio nelle ricette dolci, in sostituzione del burro vaccino, potete calcolare come dose circa 125 ml di panna vegetale ogni 100 g di burro. In generale, ricordatevi sempre di leggere con attenzione le etichette della panna che acquistate ed evitate, se possibile, quelle che contengono grassi idrogenati.

YOGURT VEGETALE

L'alternativa più diffusa allo yogurt da latte vaccino è lo yogurt a base di soia. Si tratta di un prodotto particolarmente versatile: oltre a essere completamente vegano, infatti, è indicato anche per chi soffre di intolleranza o allergia al lattosio e risulta generalmente più digeribile dello yogurt comune. Potete gustarlo al naturale, a colazione, accompagnato con del muesli, ma lo yogurt di soia al naturale si presta perfettamente anche a preparazioni sia salate che dolci. Nel primo caso potete abbinarlo a formaggi vegetali per creare delle creme salate di accompagnamento per primi e secondi. Per quanto riguarda i dolci, invece, è particolarmente indicato per le ricette dei dolci da forno, ai quali conferisce particolare morbidezza e sofficità. Se decidete di usarlo in alternativa al burro vaccino, calcolate circa 125 ml di yogurt vegetale ogni 100 g di burro. Potete anche scegliere di usare degli yogurt di soia aromatizzati alla frutta, al cocco o alle mandorle per dare ai vostri dolci un gusto diverso.

AVOCADO

La polpa di colore giallo-verde dell'avocado è un ottimo ingrediente di origine vegetale, ideale come sostituto del burro e degli altri grassi di origine animale. Merito della consistenza cremosa e della composizione, che ne fa uno dei frutti con il maggior apporto di grassi (fino al 30%, con 240 calorie ogni 100 g). Per questo, oltre che per il suo sapore delicato, questo frutto originario dell'America Centrale è un ingrediente particolarmente adatto soprattutto nelle ricette di dolci come torte e biscotti, ai quali conferisce morbidezza e omogeneità (per le vostre preparazioni calcolate un quantitativo pari a quello del burro, unite a poco a poco agli altri ingredienti la polpa schiacciata o frullata dell'avocado e amalgamate il tutto fino a ottenere un impasto omogeneo). Sempre in pasticceria, l'abbinamento più goloso è sicuramente quello con il cacao.

È importante scegliere però il frutto giusto e consumarlo quando è ben maturo. Come fare? Esercitate una lieve pressione con il pollice sulla superficie dell'avocado: se il frutto è molto duro significa che è ancora acerbo e bisogna farlo maturare per alcuni giorni a temperatura ambiente prima di consumarlo. Per favorire la maturazione potete anche tenere l'avocado per qualche giorno in un sacchetto di carta insieme a una banana o a una mela. Se, invece, la buccia cede senza lasciare alcun solco, l'avocado è pronto per essere mangiato, mentre se con la pressione si crea un piccolo solco allora l'avocado è troppo maturo per essere mangiato a fette, ma va ancora bene per essere ridotto in crema. Infine, se sulla buccia si crea un solco profondo, significa che il frutto è troppo maturo ed è meglio non acquistarlo.

In generale, un volta estratta, usate subito la polpa o spruzzatela con del succo di limone, perché si annerisce facilmente a causa dell'ossidazione; non cucinatela, perché tende a diventare amara.

COME SOSTITUIRE LE UOVA

In pasticceria le uova vengono impiegate principalmente per due motivi: per facilitare la lievitazione e per amalgamare gli ingredienti grazie al loro potere legante. A seconda dell'effetto che volete ottenere, ecco come potete sostituirle.

1 UOVO SI SOSTITUISCE CON...

PER LEGARE E LIEVITARE

- **2** CUCCHIAI DI FECOLA DI PATATE
- **1** CUCCHIAIO DI FARINA DI SOIA
- **1/2** TAZZA DI YOGURT DI SOIA

→ PERFETTI PER DOLCI LIEVITATI E PER CONFERIRE MORBIDEZZA

- **2** CUCCHIAI DI AMIDO DI MAIS → PER TORTE SOFFICI
- SEMI DI LINO POLVERIZZATI + ACQUA (1 + 3 CUCCHIAI) → PERFETTI CON: FARINE INTEGRALI E CACAO

PER LEGARE

- **70** G DI BANANA → PER DOLCI CON FARINE SENZA GLUTINE
- **50** G DI TOFU VELLUTATO → PER CREME MORBIDE
- **40** G DI MELA GRATTUGIATA → PER UN TOCCO DI DOLCEZZA IN PIÙ

COME SOSTITUIRE IL BURRO

Il burro nelle preparazioni dolci serve essenzialmente a conferire morbidezza e ad assicurare una lievitazione uniforme.
Il vantaggio di sostituirlo con altri ingredienti? Ottenere dolci più leggeri e più sani. Il burro è composto, infatti, per circa l'80% da grassi (e per la restante parte da acqua, lattosio e proteine) ed è ricco di colesterolo.
Ecco come potete sostituirlo.

100 G DI BURRO SI SOSTITUISCONO CON...

80 G DI OLIO EXTRAVERGINE DI OLIVA → PERFETTO PER FROLLE FRIABILI

80 G DI OLIO DI SEMI DI MAIS → PERFETTO PER FROLLE FRIABILI

125 G DI PANNA DI SOIA (O ALTRE) → PER DOLCI DAL SAPORE DELICATO, NEI QUALI È PREFERIBILE ALL'OLIO

125 G DI YOGURT DI SOIA → PER DOLCI DA FORNO, PER CONFERIRE MORBIDEZZA (ES.: PER I MUFFIN)

COME CUOCERE AL MEGLIO LE VERDURE

Lavorazione e cottura delle verdure sono elementi importantissimi e fanno parte di una nuova consapevolezza in cucina.

CUOCERE AL VAPORE

È il metodo che vi consigliamo sopra ogni altro. Il vapore, infatti, preserva colore, aroma e principi nutritivi delle verdure grazie al fatto che i liquidi presenti nel cibo non si disperdono nell'acqua di cottura. Procuratevi una vaporiera e seguite queste facili regole.

- Utilizzate poca acqua per il fondo e, se volete, aromatizzatela con spezie come la curcuma o con erbe come rosmarino e alloro.
- Tagliate le verdure in parti regolari e non troppo grandi per fare in modo che la cottura sia uniforme. Per cuocere completamente una verdura come il broccolo ci vorranno circa 10 minuti, per le patate qualche minuto in più, ma verificate la cottura mano a mano.
- Per evitare che il processo di cottura continui anche a fornello spento, servite immediatamente le vostre verdure o, se preferite mangiarle a temperatura ambiente, immergetele al volo in acqua fredda, scolatele velocemente e servitele. Dovrà essere un'operazione veloce, per evitare che le verdure assorbano acqua.
- Sebbene tutte le verdure possano essere cotte al vapore, quelle che più si prestano a questo metodo di cottura sono broccoli, cavolfiori, carote, asparagi, carciofi, taccole e zucchine. In generale tutte le verdure a foglia verde cuoceranno davvero in modo veloce: provate con spinaci, erbette, coste, cicoria e cime di rapa.
- La cottura al vapore sostituisce la bollitura, che è certamente il metodo meno adatto per cuocere le verdure.

STUFARE

Il termine "stufare" deriva dalla stufa utilizzata per riscaldare gli ambienti, sopra il cui piano venivano messe un tempo pentole di terracotta con coperchio contenenti cibi che richiedevano cotture lente e prolungate. Per preparare uno stufato di verdure si utilizzano di solito cipolle, carote, rape e zucchine; tagliatele tutte a pezzetti e mettetele sul fuoco con poco liquido (la sola acqua che rimane dopo il lavaggio o l'acqua di vegetazione e un po' di olio) in una casseruola coperta, a fuoco bassissimo. Le verdure cominceranno da subito a rilasciare acqua e, grazie alla copertura, il vapore acqueo resterà all'interno contribuendo a mantenerle umide.

- Il sugo che si raccoglie in fondo al tegame per l'evaporazione dell'acqua in eccesso è una miscela di grassi e succhi fuoriusciti dagli alimenti e vi servirà a condirli dopo averli ben disposti sul piatto da portata.

- Le casseruole più adatte a questo tipo di cottura sono quelle pesanti e spesse (alluminio pesante, ghisa, coccio) con coperchio a perfetta tenuta.

- Il liquido di cottura prescelto può essere vario: acqua, vino, brodo, altri liquidi aromatici... ma bisogna considerare la quantità più o meno elevata a seconda della succosità degli ortaggi impiegati.

GRIGLIARE

La cottura alla griglia è certamente una delle più sfiziose. Oltre alle verdure, che prima di essere grigliate dovranno essere tagliate a fette sottili e ben asciugate dall'acqua di vegetazione, è possibile grigliare in modo eccellente anche tofu e seitan, magari dopo averli passati in un po' di olio aromatizzato con le erbe. È bene attuare lo stesso procedimento anche con le verdure, per evitare che si attacchino alla griglia in cottura: non dovranno essere eccessivamente unte, basterà che lo siano leggermente.

- La manutenzione della vostra piastra o griglia è molto importante per una cottura ottimale: pulitela sempre dai residui con l'aiuto di una spazzola dalle setole abbastanza dure, passatela sotto l'acqua, asciugatela bene e poi passatela con un tovagliolo leggermente unto di olio: questo vi permetterà di mantenere in salute soprattutto le piastre in ferro o ghisa.

- Le radici come le patate, le barbabietole o le carote prima di essere grigliate devono essere precotte: bollitele fino a quando non saranno tenere e poi grigliatele.

- Durante la cottura non abbandonate le vostre pietanze ma, con l'aiuto di una pinza, giratele più volte su se stesse in modo da garantire una grigliatura uniforme.

- Salate le verdure solo dopo averle cotte: manterranno il loro colore e perderanno meno acqua.

CUOCERE AL FORNO

Quasi tutte le verdure possono essere cotte al forno. Per ottenere una consistenza e un sapore perfetti bisogna conoscere alcuni piccoli accorgimenti.

- Non tutte le verdure potranno essere cotte insieme perché, a seconda della loro struttura organica, impiegheranno più o meno tempo per cuocere nel forno in modo uniforme. Quindi il primo segreto è mettere a cuocere insieme verdure che hanno tempi di cottura simili.
    - **COTTURA LUNGA** (45 minuti a 220 °C): zucca, patate (anche con la buccia), barbabietole (anche con la buccia), carote, aglio, cipolle, scalogno, porro, rape, sedano rapa, finocchi, melanzane (anche con la buccia).
    - **COTTURA BREVE** (25 minuti a 220 °C): cavolfiori, cavolini di Bruxelles, broccoli, funghi di tutti i tipi, peperoni, zucchine.
- Tagliate la verdura in fette uniformi di dimensioni simili fra loro e cercate di creare con il taglio una superficie più larga possibile, in modo da permettere alla verdura di toccare bene il piano di cottura e di creare una buona caramellizzazione.
- Mettete sulla teglia la carta da forno ben stesa, senza pieghe, e appoggiate le verdure facendo in modo che aderiscano al piano di cottura. Procedete irrorando con l'olio, che aiuterà il trasferimento di calore uniforme alle verdure. Poi aggiungete il sale, il pepe ed eventualmente le spezie che avete deciso di utilizzare.
- Ora mettete in forno le verdure a 220 °C con l'opzione, se ne avete la possibilità, del forno ventilato. Una volta ben cotte noterete che alcune verdure saranno più caramellate di altre, a causa della maggior quantità di zucchero presente in esse.
- Ora non vi resta che ultimare il condimento delle vostre verdure con un po' di succo di limone ed erbe aromatiche a piacere: noi vi consigliamo il prezzemolo.

NON SOLO PASTA: I CEREALI

Come abbiamo spiegato nel capitolo sul Piatto Veg, i cereali sono alla base della dieta subito dopo frutta e verdura e sono indispensabili per una corretta alimentazione.

Come per le farine, è consigliabile preferire i cereali integrali in chicco, non trasformati, a prodotti raffinati, in quanto più ricchi di fibre, vitamine e minerali.
Per chi sceglie un'alimentazione vegana o vegetariana, i cereali sono fondamentali: sono base di numerosissimi piatti, estremamente gustosi e nutrienti. In linea generale, prima di cuocere i cereali è bene sciacquarli con acqua fredda per rimuovere impurità e granelli di polvere, fino a quando l'acqua non sarà limpida. Il modo migliore per esaltarne il sapore è cuocerli utilizzando un brodo di verdure che sarà totalmente assorbito durante la cottura, ricordando di salare solo al termine.

I PIÙ COMUNI

Grano, riso, mais, orzo e farro sono i cereali più utilizzati e più conosciuti. Li usiamo per preparare primi piatti gustosi e nutrienti. Anche in questo caso è importante sceglierli integrali, anche se richiedono più tempo per la cottura: ne guadagneremo in nutrienti buoni per il nostro organismo. Questo discorso è molto importante nella scelta del riso: infatti il riso bianco, perché risulti più gradevole, viene sottoposto a un processo durante il quale il chicco perde tutti gli strati esterni, ricchi di minerali e fibre. Il riso è un cereale privo di glutine, pertanto adatto ai celiaci, dal quale si ricavano anche la farina e un latte molto delicato e dal sapore dolciastro. Il farro e l'orzo, invece, sono utilizzati in cucina principalmente per la preparazione di zuppe o di insalate fredde, ma non tutti sanno che sono due cereali ottimi anche per la colazione, conditi, magari, con del malto o dello sciroppo d'agave.

I MENO CONOSCIUTI

Spesso, per abitudine, si tende a consumare solo i cereali più conosciuti, ma la natura ci offre una varietà di scelte gustose, che possono rivelarsi utili per variare il più possibile la nostra alimentazione. Tra i cereali meno conosciuti troviamo il miglio, la segale, l'avena, il sorgo e il grano Khorasan. Iniziamo parlando del miglio, un cereale poco conosciuto in Occidente, ma che ha moltissime proprietà nutrizionali. In commercio lo si trova sotto forma di semi decorticati, farina e fiocchi. I semi possono essere impiegati per preparare minestre e sformati di verdure, mentre la farina, se mescolata a quella di altri cereali, è indicata nella preparazione dei dolci. È di facile digestione, contiene pochi grassi ed è privo di glutine. Nella categoria c'è anche l'avena, famosa per il porridge, un piatto tipico della cucina inglese che si mangia principalmente a colazione. I fiocchi sono perfetti da utilizzare per ricche zuppe, minestre e come complemento per biscotti e torte. Questo cereale, ricco di proteine e povero di carboidrati, ha un rivestimento molto difficile da eliminare e decisamente indigesto: l'avena che troviamo in commercio sotto forma di farina, fiocchi e latte, infatti, è decorticata per renderla digeribile. Il sorgo è un cereale poco conosciuto che si può servire sia caldo che freddo, insieme a verdure o ad altri ingredienti. È completamente privo di glutine ed è possibile trovarlo in commercio sia in chicchi che sotto forma di farina. Dalla fermentazione di questo cereale si può ottenere un tipo di malto dolcificante ma anche una bevanda alcolica.

La segale è un cereale che viene consumato quasi esclusivamente sotto forma di pane. Più precisamente è famosa per il "pane nero", tipico del Nord Italia e diffuso nel Nord Europa; il suo valore nutrizionale è analogo a quello del pane di frumento ma, essendo prodotto con farine meno raffinate, è più ricco di fibre e, a parità di peso, ha un valore calorico inferiore. Con la farina di segale si possono preparare anche gallette o fiocchi per la colazione, mentre i chicchi sono usati per zuppe e minestre vegetali o, se tostati e macinati, anche per preparare un sostituto del caffè.

Il grano Khorasan è conosciuto come Kamut®, nome che rappresenta solamente il marchio registrato di proprietà di un'azienda americana che ha dato questo nome a una varietà di grano mai ibridata né incrociata. Si tratta di un grano non adatto a chi soffre di celiachia, in quanto contiene glutine in misura superiore rispetto ai grani teneri. Ricco di vitamine, il Khorasan ridotto in farina è adatto alla preparazione di diversi prodotti: pane, pasta, cereali, snack, dolci, cracker, birra e caffè. Può essere anche mangiato in chicchi, cotti al vapore e utilizzati in insalate e zuppe per un piatto ricco e saziante.

Per risalire alle origini di questo cereale non abbiamo bisogno di scomodare le tombe dei faraoni. La leggenda del "grano del faraone" è solo il frutto di un'invenzione commerciale: la parola "Kamut" deriva dal relativo geroglifico che significa «grano» o «anima della terra».
Una varietà di Khorasan, la Saragolla, viene coltivata anche in Italia, tra la Basilicata e l'Abruzzo.

PSEUDOCEREALI

Vengono chiamati pseudocereali perché non appartengono alla famiglia delle Graminacee, ma dai loro semi è comunque possibile ricavare farina da utilizzare in cucina. A questa categoria appartengono la quinoa, il grano saraceno e l'amaranto. Esistono circa 200 tipi di quinoa diversi, ma la più utilizzata è la quinoa real, meno ricca di saponine e quindi meno amara, nonché più facile da cuocere. La pianta della quinoa, originaria del Sud America, è strettamente imparentata con la pianta degli spinaci e delle barbabietole. Questi semi non contengono glutine e sono adatti ai celiaci; inoltre sono una buona fonte di proteine ad alto valore biologico.
I semi possono essere utilizzati in zuppe e minestre; se macinati molto finemente se ne ricava una farina con cui è possibile preparare pane e dolci. Nei negozi biologici potete trovare anche la pasta di quinoa in diversi formati.

Il grano saraceno è una buona fonte di fibre e di minerali e, come la quinoa, è privo di glutine: viene utilizzato in chicchi nelle minestre di verdure o freddo in insalata; la farina viene utilizzata per la polenta saracena e nella preparazione dei famosi pizzoccheri, piatto tipico della Valtellina.
Anche in Giappone è molto utilizzato ed è alla base di uno dei piatti più famosi della cultura alimentare orientale: i soba noodles, tagliatelle fini che vengono cotte e servite con diversi condimenti. Una volta lessato e posto in un contenitore a chiusura ermetica in frigorifero, il grano saraceno cotto si conserva fino a cinque giorni.

BULGUR E CUSCUS

Entrambi derivati del grano, questi due ingredienti sono molto simili, ma con caratteristiche differenti.
Il bulgur si ottiene dal grano duro fatto germogliare, poi essiccato e quindi spezzettato in grani. Come altri cereali integrali è ricco di fibre e vitamine. Il cuscus, invece, si ottiene dalla semola di grano duro impastata a mano fino a formare dei piccoli granelli che vengono poi cotti al vapore.
Per la loro cottura vale la stessa regola, una parte di cereali in due parti d'acqua, ma cambiano i tempi di cottura (vedi la tabella a p. 97). Entrambi possono essere consumati sia freddi che caldi, accompagnati da verdure.

Anche l'amaranto è privo di glutine. I suoi semi molto ricchi di amido sono ancora più proteici della quinoa: contengono circa 16,5 g di proteine per 100 g di prodotto. Rispetto ai cereali contengono il doppio di lisina, aminoacido essenziale. L'amaranto può essere anche cotto come i popcorn: scaldate a fiamma media una padella, versate un cucchiaino di semi di amaranto e coprite con un coperchio. Dopo circa 4-5 secondi, quando non sentite più scoppiettare, i vostri "popcorn" saranno pronti. Potete mangiarli così o utilizzarli come componente per un muesli o delle barrette.

LA COTTURA DEI CEREALI: TEMPI E MODI

CEREALE	AMMOLLO?	TEMPI DI AMMOLLO	TEMPI DI COTTURA	CEREALE/ ACQUA	MODALITÀ DI COTTURA
AMARANTO	utile	4/6 h	30′	1/3	Versate il cereale e l'acqua in una pentola, portate a ebollizione e aspettate che il liquido venga assorbito del tutto.
AVENA	utile	8 h	45′	1/3	
BULGUR	no	-	15′	1/1	
FARRO	necessario	9/12 h	40′	1/2	
MIGLIO	no, va tostato	-	16′	1/3	
ORZO	necessario	12/24 h	60′/90′	1/3	
QUINOA	no, va lavata	-	15′	1/2	
RISO	no	-	40′/50′	1/3	
SEGALE	necessario	12 h	60′	1/3	
SORGO	no, va tostato	-	40′	1/2	
KAMUT	necessario	6 h	60′	1/4	
ORZO PERLATO	no	-	40′	1/3	
FARRO PERLATO	no	-	30′	1/2	
GRANO SARACENO	facoltativo	6 h	20′	1/3	Portate a bollore l'acqua, aggiungete il grano e lessatelo.
MAIS	necessario per il chicco intero	36 h	120′	1/4	Portate a bollore l'acqua, aggiungete il mais e lessatelo.
CUSCUS	no	-	10′	1/1	Fate bollire l'acqua a parte; versate il cuscus in una pentola e ricopritelo con l'acqua bollente. Quando l'acqua sarà stata assorbita, lasciate riposare per cinque minuti e poi sgranate il tutto con una forchetta.
MIGLIO	no	-	20′	1/2	Versate il miglio nella pentola e fatelo tostare per qualche istante; copritelo con l'acqua di cottura e portate a ebollizione. Abbassate la fiamma finché l'acqua non verrà assorbita.

AL POSTO DELLA COLLA DI PESCE: GELIFICARE E ADDENSARE

La colla di pesce che normalmente si usa per addensare budini e creme al cucchiaio nella cucina tradizionale non è un ingrediente adatto a vegetariani e vegani, poiché proviene dalla lavorazione degli scarti della macellazione (solitamente si usano per realizzarla cartilagini e cotenne dei suini). La cosa interessante, però, è che ci sono alternative vegetali sia per addensare che per gelificare che funzionano perfettamente.

AGAR-AGAR

Nella cucina vegan la colla di pesce viene sostituita perfettamente dall'agar-agar, detto anche kanten. Si tratta del prodotto derivato dall'essiccazione di un alga rossa che ha il potere di addensare e di rendere gelatinoso il composto all'interno del quale viene inserito. L'agar-agar è completamente vegetale e non ha nessun impatto calorico, venendo assorbito solo in minima parte dall'organismo. Questo gelificante vegetale, a differenza della colla di pesce, è termoreversibile, ossia il composto gelificato può essere sciolto nuovamente (a una temperatura superiore agli 80 °C) e poi ancora rassodato. L'agar-agar si può trovare in vendita in barre oppure, più frequentemente, in polvere. Per 1 l di liquido serviranno circa 4-5 g di agar-agar. Con il passare del tempo questo gelificante perde in parte il suo potere rassodante, quindi è bene utilizzarlo entro 6 mesi dall'acquisto ma, nel caso sia passato più tempo, potete aumentare la dose di polvere nel composto. Può essere utilizzato per gelificare anche prodotti che non si solidificano con la colla di pesce, come per esempio pietanze in cui sia presente l'ananas. Questo gelificante naturale si scioglie a temperature molto alte, a differenza della gelatina classica: fra gli 85 e i 90 °C (bollore del liquido). Un cucchiaino di agar-agar corrisponde a circa otto fogli di colla di pesce (ogni foglio pesa circa 5 g). Se dovete addensare una crema, un budino o creare un aspic, ecco come procedere. Per evitare che, usando l'agar-agar in polvere, si creino dei grumi nella preparazione, sciogliete sempre preventivamente l'alga in 1 o 2 cucchiai di liquido a temperatura ambiente (il latte della ricetta, per esempio). Una volta fatto questo prendete l'agar-agar sciolto nel liquido, inseritelo nella preparazione calda e continuate a cuocere il tutto per pochi minuti. La temperatura dovrà arrivare almeno agli 85-90 °C. Una volta che l'agar-agar si sarà ben sciolto, non vi resta che far raffreddare il tutto e aspettare che il suo potere solidificante faccia il resto. Potete mettere il prodotto in frigorifero per velocizzare la gelificazione. Se avete sbagliato dosaggio e ne avete messo troppo poco, potete anche frullare nuovamente il budino o la crema, rimetterlo sul fuoco e aggiungere, con lo stesso procedimento, altro agar-agar. Questo prodotto venne importato in Europa per la prima volta nel 1859 grazie al chimico francese Anselme Payen (colui che scoprì il metodo per sbiancare chimicamente lo zucchero con il carbone attivo). Fu poi Robert Koch a utilizzarlo come terreno di coltura per i batteri (cosa che avviene tutt'oggi). In Giappone, invece, l'agar-agar viene utilizzato da secoli: le prime notizie risalgono al 1658.

PER ADDENSARE

Le sostanze addensanti servono a conferire a un composto liquido, come una crema o una salsa, una maggior consistenza. Si tratta solitamente di sostanze "idrocolloidi", ovvero costituite da particelle che, assorbendo l'acqua del liquido nel quale vengono immerse, formano complessi gelatinosi e collosi e rendono i composti più viscosi e densi. Tra i principali addensanti di origine vegetale che possiamo usare in cucina ci sono gli amidi e le farine.

AMIDO DI MAIS

Chiamato anche maizena, è una polvere dalla consistenza finissima, quasi impalpabile, ricavata dal chicco del mais mediante un processo di macinazione. Per attivare l'azione legante dell'amido, la maizena va diluita in acqua fredda (per evitare la formazione di grumi) e poi versata nel liquido da addensare, nel frattempo portato a ebollizione. Per le quantità dovrete regolarvi in base alla densità che vorrete conferire al vostro composto (30-40 g per un litro sono una buona media). Il composto da addensare va mescolato con la frusta continuando la cottura per qualche minuto. La maizena inizia a legare a una temperatura di 75 °C. Con il calore l'amido si rigonfia e si scioglie facendo fuoriuscire un liquido che, una volta raffreddato, si rapprende in una massa gelatinosa che conferisce densità. L'amido di mais viene impiegato anche per rendere più friabili e soffici i dolci lievitati. Ottimo per addensare è anche l'amido di riso, che però inizia a svolgere la sua funzione legante a 80 °C.

FECOLA

Si ottiene macinando le patate private dell'acqua ed essiccate. È costituita da amido e priva di glutine; in cucina viene utilizzata principalmente come addensante per creme e salse. Si utilizza con le stesse modalità descritte per l'amido di mais. Negli impasti dei prodotti da forno, miscelata ad altre farine, migliora la lievitazione e dona all'impasto maggiore elasticità. La fecola inizia a legare intorno ai 65 °C.

TAPIOCA

Si tratta della farina che si ottiene dall'essiccazione e dalla macinatura dei tuberi della manioca, arbusto originario dell'America centromeridionale. Come l'amido di mais e la fecola di patate è priva di glutine e può essere usata come addensante esattamente allo stesso modo.

KUDZU

È una pianta originaria delle montagne del Giappone. Dalle sue radici si ottiene una fecola di colore bianco utile per addensare soprattutto creme e vellutate. Si trova facilmente in vendita nei negozi di alimentazione bio.

FARINE

Le farine vengono usate come addensanti soprattutto nelle preparazioni salate o mescolate a una sostanza grassa per evitare la formazioni di grumi (il roux di base della besciamella, per esempio). In pasticceria potete provare a usare la farina di riso, già di per sé molto fine e dolce. Ricordatevi sempre che, se utilizzate farine per addensare, sia di frumento che di legumi, è importante farle cuocere per bene: la farina cruda è davvero un pessimo alimento da consumare.

LECITINA DI SOIA

La lecitina di soia *(foto sotto)* è una sostanza che si ottiene dalla lavorazione della soia e che possiamo trovare in vendita sotto diverse forme: in granuli, in perle o in compresse (se la si utilizza come integratore alimentare, dato che aiuta ad abbassare i livelli di colesterolo nel sangue). Esistono lecitine di origine vegetale, come quella di soia, quelle derivate da altre leguminose, dalle arachidi e dal mais, ma anche di origine animale, tratte dalle uova: verificate in etichetta. In quanto emulsionante la lecitina di soia può essere utilizzata in cucina per diversi impieghi: per esempio, per creare un'emulsione a base di olio e acqua. Può anche essere usata per tramutare qualsiasi liquido aromatico (succo di frutta, centri-

fuga ecc.) in una schiuma leggera. Può essere utilizzata come addensante in creme e sughi. Inoltre la lecitina può essere impiegata per la sostituzione delle uova in alcune preparazioni: per la pasta fresca, un uovo corrisponde a circa 2 cucchiai di lecitina di soia con 2 di olio e 6 di acqua. Può essere utilizzata anche per realizzare il pane, di cui migliora volume e conservabilità: la proporzione è del 2% sul totale della farina.

GOMMA DI GUAR

È un addensante di origine vegetale che si ricava dall'omonima pianta ed è usato sia a scopo alimentare che cosmetico. Di origine indiana, ma coltivato anche in Pakistan e in Cina, il guar è una pianta erbacea appartenente alla famiglia delle leguminose. I suoi frutti contengono all'interno dei piccoli semi, che vengono fatti essiccare prima di essere sbucciati, per separare l'albume dai tegumenti esterni, e macinati. Dalla macinatura si ottiene una polvere molto fine, di colore bianco, conosciuta come gomma o farina di guar. La gomma di guar è un ottimo idrocolloide perché è in grado di assorbire acqua in quantità sciogliendosi e svolgendo la propria funzione addensante a freddo. Si aggiunge sia a ingredienti secchi che liquidi (in questo secondo caso dovrete aggiungere il guar al liquido e non viceversa). È da evitare l'uso di questo addensante insieme ad altri, come l'agar-agar, ma può essere unita alla farina di semi di carrube. Perfetta per addensare creme, salse, gelati, bevande, confetture, la polvere di guar è molto usata anche dall'industria alimentare.

FARINA DI CARRUBE

La farina tratta dai semi presenti nei baccelli legnosi del carrubo si utilizza soprattutto nelle preparazioni dolci, poiché il sapore ricorda quello del cacao. Come addensante funziona abbastanza bene grazie alla pectina contenuta nei semi.

GOMMA DI TARA

La gomma di tara si ricava dai semi di una leguminosa originaria dell'America Latina e dell'Africa, la tara appunto, che viene decorticata e macinata. La sua funzione prevalente è addensante e stabilizzante. La si trova spesso nei prodotti industriali indicata dalla sigla E417. Si miscela a freddo in combinazione con ingredienti secchi o liquidi: nel caso di questi ultimi la farina di tara va sciolta nei liquidi (e non viceversa).

ZUCCHERI ALTERNATIVI

Lo zucchero è un alimento da limitare. L'Organizzazione Mondiale della Sanità ha rivisto i limiti consigliati per l'assunzione giornaliera di questo alimento; la quantità consigliata è di circa 25 g (6 cucchiaini da tè): sembrano tanti, ma bisogna considerare che comprendono anche gli zuccheri naturalmente contenuti negli alimenti che mangiamo. Infatti mangiando correttamente frutta e verdura crude integriamo gli zuccheri di cui abbiamo bisogno e sentiamo di rado il bisogno di dolcificare gli alimenti.

Lo zucchero da tavola viene estratto sia dalla canna da zucchero sia dalla barbabietola. Prima di parlare delle alternative, vediamo perché è importante sostituire lo zucchero bianco.

Non tutti sanno, infatti, che lo zucchero, per essere bianco e brillante come lo conosciamo, può essere sottoposto a diversi processi: depurato con la calce, trattato con anidride carbonica

e acido solforoso, filtrato e sbiancato tramite un procedimento che potrebbe prevedere l'utilizzo di carbone di origine animale, detto anche "nero d'ossa" (procedimento brevettato da Louis Constant nel 1812). Insomma, si tratta di un prodotto non proprio adatto a vegetariani e vegani. Ma, se volessimo comunque utilizzare dei dolcificanti, con pochissimi accorgimenti potremmo tranquillamente sostituire lo zucchero bianco, facendo un gran favore alla nostra salute.
Vediamo insieme alcuni sostituti.

ZUCCHERO DI CANNA INTEGRALE

È lo zucchero che conosciamo, ma non è stato sottoposto a sbiancamento. In commercio possiamo trovarne diverse qualità: Dulcita, Panela, Demerara e Mascobado. Il Panela è una varietà originaria delle Ande colombiane, ha colore scuro e profumo intenso e un sapore a metà strada tra la liquirizia e il miele. Ricco di sali minerali e vitamine, il Panela è costituito per l'80% da saccarosio e poi in percentuali più basse da glucosio, fruttosio e acqua. Il Dulcita, ricco di ferro, arriva invece dall'Ecuador e ha un bel colore giallo ambra. Conosciuto come zucchero delle Barbados, ecco il Mascobado, uno zucchero scuro, ricco di melassa, con un sapore molto intenso a metà tra il miele e il caramello, più umido rispetto al Panela. Prodotta alle Mauritius, la varietà Demerara, al contrario, ha un aspetto più chiaro (con un colore dorato) e presenta una grana più grossolana.

O!

Lo zucchero integrale di canna deve essere di colore marrone ambrato ed essere umido, con grana grezza; in caso contrario lo zucchero è parzialmente raffinato o colorato con del caramello.

ZUCCHERO DI PALMA: JAGGERY O GUR

È un dolcificante naturale, altamente solubile, dal colore scuro e dalla consistenza vischiosa, ricavato dai fiori della palma da zucchero. Ha un sapore di liquirizia e incenso che lo rende unico nel suo genere. Il succo zuccherino, estratto dai fiori, viene raccolto e scaldato dentro grandi pentoloni fino a completa evaporazione dell'acqua. La melassa che rimane viene fatta cristallizzare e messa calda dentro forme circolari di bambù. È un dolcificante altamente energetico, ricco di minerali e con un indice glicemico basso.

SCIROPPO D'ACERO

Si ottiene tramite la bollitura della linfa dell'acero da zucchero e dell'acero nero. Contiene saccarosio e per questo non è adatto ai diabetici. Ha un sapore molto dolce ed è perfetto in pasticceria, ma anche per dolcificare le bevande. Lo sciroppo deriva dal processo di concentrazione della linfa: per ottenere un litro di sciroppo occorrono quaranta litri di linfa d'acero, il che spiega anche il suo costo abbastanza elevato. Le varietà più scure di sciroppo d'acero presentano un quantitativo maggiore di minerali e un sapore più forte, quindi sono quelle più adatte per i dolci. In ogni modo, i negozi specializzati, in particolare quelli bio, sono ben forniti di sciroppo d'acero e ne vendono le migliori tipologie.

SCIROPPO D'AGAVE

Questo sciroppo si estrae dall'amido della radice del bulbo di agave, pianta coltivata in Messico, attraverso un procedimento industriale. Il suo costo è abbastanza elevato, anche se inferiore a quello dello sciroppo d'acero, perché la pianta di agave blu dalla quale si estrae, indicata come patrimonio nazionale dal governo messicano, non viene coltivata in grandissime quantità. Questa pianta è la stessa da cui si ottiene anche la tequila. Questo sciroppo è molto dolce e viene spesso paragonato al miele sia per consistenza sia per potere dolcificante. Per sostituire 100 g di zucchero si possono usare, infatti, circa 75 g di sciroppo.

SCIROPPO DI FRUTTA

Il più conosciuto e utilizzato è lo sciroppo d'uva, utilizzato da sempre dagli arabi come alternativa al miele prima che lo zucchero di canna venisse introdotto nel bacino del Mediterraneo. Lo sciroppo d'uva, o melassa d'uva, è ricco di calcio, potassio, magnesio e ferro. Alla categoria appartengono anche la melassa di carruba, lo sciroppo di gelsi, la melassa di fichi e di melograno.

STEVIA

Questa pianta originaria del Sud America ha un potere dolcificante fino a 250 volte superiore a quello dello zucchero. In commercio si trovano sia le foglie fresche sia la polvere ottenuta dalla macinazione delle foglie disidratate: è importante leggere sempre l'etichetta. Per le preparazioni dolci è necessario tenere a mente che la stevia ha un leggero gusto di liquirizia. Le proporzioni? Una foglia fresca o mezzo cucchiaino di polvere di stevia corrispondono a un cucchiaio di zucchero.

DATTERI

Molto utilizzati nell'alimentazione crudista, come dolcificante nei frullati, nei dolci, ma anche nel sugo di pomodoro per togliere l'acidità, questi frutti sono estremamente ricchi di zuccheri, di minerali come potassio, ferro, magnesio, fosforo, calcio e di vitamina B. È possibile trovare i datteri tutto l'anno, sia freschi che secchi, ed è possibile utilizzarli in diverse preparazioni, soprattutto frullati e poi ridotti in pasta con dell'acqua. Sono da evitare i datteri lucidati con sciroppo di glucosio.

MALTO

Lo sciroppo di malto può essere estratto da diversi cereali: orzo, riso, mais e frumento. I malti si ottengono tutti dalla cottura in acqua dei cereali germinati e sono ricchi di vitamine e sali minerali fra i quali potassio, sodio e magnesio. Il più dolce è quello di mais. Nelle preparazioni è bene tenere presente che qualsiasi malto ha un potere dolcificante del 50-60% inferiore rispetto allo zucchero, perché contiene un'alta percentuale di acqua.

MELASSA

Ottenuta dalla lavorazione dello zucchero di canna o di barbabietola per centrifugazione, la melassa più pregiata è un liquido viscoso di colore marrone molto scuro. Si parla di melassa bianca e nera: la prima, più dolce, ottenuta dalla prima estrazione, è meno pregiata, la seconda, dal sapore più amarognolo, è ottenuta da un'ulteriore estrazione. Per acquistare un prodotto puro è importante leggere l'etichetta e fare attenzione che la provenienza sia biologica e che non si tratti solo di zucchero reso liquido a cui viene aggiunta acqua.

FRUTTA FRESCA, ESSICCATA O SUCCHI DI FRUTTA

Opportunamente frullata o grattugiata la frutta fresca, per esempio pere, mele o banane, può rivelarsi un ottimo dolcificante. Inoltre, per chi ama sperimentare, la frutta può aiutare a creare consistenze particolari e interessanti. Anche uva sultanina, albicocche essiccate e fichi possono essere ingredienti dolcificanti versatili se frullati finemente o trasformati in pasta con l'aggiunta di acqua. Grazie al fruttosio presente anche succhi e spremute possono svolgere la funzione di dolcificante e sostituire la parte liquida del vostro dolce. I più utilizzati sono il succo di mela limpido e quello di arancia.

LUCUMA

Un tempo conosciuta come "l'oro degli Inca", la lucuma è un perfetto dolcificante naturale. Si trova in commercio sotto forma di polvere (che viene ricavata dal frutto essiccato) e può essere usata in tutte le preparazioni di pasticceria, ma anche nelle bevande calde e nello yogurt per sostituire lo zucchero raffinato. Viene utilizzata anche come farina per quei piatti che richiedono una consistenza cremosa, grazie all'amido contenuto in elevate quantità. È priva di glutine, ha un indice glicemico basso ed è ricca di fibre.

O!

Per le sostituzioni nelle vostre ricette tenete conto della proporzione: 100 g di sciroppo di malto corrispondono a 80 g di zucchero.

I LIEVITI

I lieviti sono organismi della famiglia dei funghi utilizzati in cucina per far aumentare di volume gli impasti attraverso un processo di incorporazione di bolle gassose.

Si dividono in lieviti naturali, come il lievito di birra o la pasta madre, e in lieviti chimici, come per esempio il cremortartaro (detto anche bitartrato di potassio). L'aggettivo "chimico" non ha una connotazione negativa, ma indica che la lievitazione non avviene per fermentazione microbica bensì per una reazione, appunto, chimica.

LIEVITO DI BIRRA

Il lievito di birra è uno dei più conosciuti e utilizzati: in commercio si può trovare fresco in panetti, da conservare in frigorifero (tra i 2 e gli 8 °C), congelato oppure disidratato in granelli da conservare in dispensa. Sia il lievito fresco che quello secco si dovrebbero sciogliere in poca acqua tiepida a circa 30-35 °C e dovrebbero essere lasciati riposare fino a quando sulla superficie non si formano delle bollicine. È importante che il lievito di birra fresco venga riportato a temperatura ambiente prima dell'uso. L'aggiunta di un po' di zucchero o malto all'impasto ne favorisce e accelera l'azione lievitante. Un eccesso di grassi o il contatto diretto con alte concentrazioni di sale causano la morte del lievito, mentre l'acqua fredda o troppo alcalina ne rallenta l'attività, allungando così i tempi di lievitazione. Si rischia invece di interrompere la lievitazione con temperature troppo alte (il lievito, infatti, si disattiva a circa 55-60 °C). Altro fattore determinante è l'umidità ambientale, che dovrebbe aggirarsi intorno al 70%.

CREMORTARTARO

Il cremortartaro è un sale di potassio dell'acido tartarico estratto dall'uva o dal tamarindo che viene usato spesso in associazione al bicarbonato di sodio per aumentarne il potere lievitante. Il cremortartaro si attiva in presenza di acqua: in questo modo la sua leggera acidità sviluppa per reazione anidride carbonica gassosa e permet-

te quindi di far lievitare i dolci istantaneamente, conferendo morbidezza senza appesantirli. In commercio lo si può trovare puro o già addizionato con il bicarbonato di sodio, a volte sotto il nome di "polvere lievitante naturale". È un ottimo sostituto anche per chi presenta delle intolleranze alimentari ai lieviti. È il lievito più utilizzato nella pasticceria vegana, perché non contiene stabilizzanti di origine animale.

BICARBONATO DI SODIO

Se correttamente combinato, può fungere da lievito in alcune preparazioni: mescolandolo, per esempio, con qualche goccia di succo di limone, aceto o addirittura con succhi di frutta. L'effetto lievitante ottenuto non può essere paragonabile a quello del cremortartaro, ma se la necessità di lievitazione è minima, come per alcuni biscotti, il bicarbonato può essere una buona soluzione di compromesso. Le dosi da utilizzare in questo caso sono: un quarto di cucchiaino di bicarbonato e mezzo cucchiaino di aceto o succo di limone per 200/250 g di farina.

PASTA MADRE

Il lievito naturale o pasta acida è un impasto di farina e acqua che, per opera dei microrganismi naturalmente presenti nella farina, nell'acqua e nell'ambiente, viene lasciato acidificare spontaneamente per un periodo più o meno lungo. Per accelerare la fermentazione si utilizza uno "starter", ossia un ingrediente che contiene zuccheri che alimentano i lieviti, come per esempio frutta frullata o malto. La pasta madre necessita di continui "rinfreschi", cioè impasti periodici con farina fresca e acqua.

Per preparare la vostra pasta madre impastate 200 g di farina con 100 g di frutta matura frullata e 100 g di acqua gassata. Dopo aver impastato, ponete l'impasto in un recipiente pieno d'acqua a 20 °C fino a coprire (l'acqua deve essere quattro volte superiore al peso della pasta). Lasciate lievitare a 26-28 °C per circa 48 ore, avendo cura di tenere coperto. Passato questo tempo l'impasto dovrebbe venire in superficie; se non dovesse accadere ripetete l'operazione.
L'impasto venuto in superficie dovrà essere rinfrescato con pari peso di lievito e farina e con il 45-48% di acqua. Continuate questi rinfreschi per almeno 20-25 giorni. A questo punto la vostra pasta madre è pronta per l'utilizzo. Per la sua conservazione è necessario un rinfresco ogni 2-3 giorni.

Sostituite 6 g di lievito secco (o 15 g di lievito di birra fresco) con 240 g di pasta madre e sottraete circa 120 g di acqua e 120 g di farina dalla ricetta originale.

FRUTTA SECCA E SEMI OLEOSI

Non dite di no: la frutta secca e i semi oleosi spesso sono esclusi dalla nostra tavola quotidiana e proposti in cesti e cestini solo nei momenti di festa, soprattutto a Natale. Niente di più sbagliato. La frutta secca e i semi sono, invece, complementi importantissimi della nostra alimentazione di tutti i giorni perché ricchi di tanti elementi benefici.

Fibre, proteine, vitamine, acidi grassi e potassio: la frutta secca e i semi devono diventare compagni di pranzi e cene, senza temere la bilancia, perché basterà dosarli nel giusto modo. La dose indicata per un consumo quotidiano è di circa 30 grammi. Il nostro consiglio è di crearvi un bel barattolo di frutta secca e semi oleosi misti da tenere in cucina e da dosare all'occorrenza nei vostri piatti: comodo e pratico.
Vediamo insieme le proprietà e le caratteristiche di semi oleosi e frutta secca.

SEMI DI CANAPA

I semi di canapa sono un alimento naturale che deriva da speciali sementi autorizzate di *Canapa sativa* per uso alimentare. Il contenuto di aminoacidi e l'apporto di vitamine li rende un alimento dall'elevato valore nutrizionale. In commercio si possono trovare sia i semi che l'olio di canapa, senza dimenticare la farina. Dal punto di vista proteico i semi di canapa sono considerati un alimento completo, contengono infatti 8 aminoacidi essenziali: leucina, isoleucina, fenilalanina, lisina, metionina, treonina, triptofano e valina. Inoltre sono ricchi di vitamina E, che svolge un'importante azione antiossidante, e di sali minerali come potassio, magnesio e calcio. Nei semi di canapa troviamo anche gli acidi grassi omega-3 e omega-6. I semi di canapa, come molti altri semi, possono essere consumati decorticati e crudi (così da mantenere il loro valore nutrizionale intatto) in aggiunta, per esempio, a insalate, macedonie o muesli, oppure usati nella preparazione di pane, grissini o come decorazioni di zuppe o vellutate. Anche l'olio, che ha le stesse proprietà dei semi poiché ottenuto da una spremitura a freddo, è indicato a crudo come condimento delle pietanze. La conservazione ideale, sia dei semi che dell'olio, è in frigorifero, per evitare l'irrancidimento.

PINOLI

Detti anche "pinocchi" in alcune zone d'Italia, i pinoli, ben racchiusi nelle scaglie legnose delle pigne, sono i semi di alcune varietà di pino, in particolar modo del pino comune (*Pinus pinea*) e vengono utilizzati a scopo alimentare in diverse preparazioni dolci e salate. Le pigne vengono raccolte da autunno a primavera e fatte essiccare per facilitare l'estrazione dei semi, che infine vengono selezionati e confezionati. I pinoli, proteici come tutta la frutta secca, contengono diverse sostanze nutritive: sono ricchi di lipidi (circa il 50-60% del loro peso), presentano acidi grassi insaturi, tra cui spicca l'acido linoleico. Apportano fibre, ferro, fosforo, manganese, magnesio, potassio e zinco. Tra le vitamine, spicca la E. È importante conservare i pinoli in un luogo fresco e asciutto: questo impedirà il rapido irrancidimento dei semi.

NOCI

Le noci sono il frutto della *Iuglans regia*, albero di origini asiatiche molto antiche, appartenente alla famiglia delle Iuglandacee. La parte edibile è il gheriglio, il seme del frutto, che è contenuto in un guscio legnoso ricoperto da una parte esterna verde e carnosa, il mallo, che si apre quando il frutto è maturo. Nel senso comune, sono definite noci diverse varietà di semi oleosi impiegati in cucina, anche se non appartenenti al genere *Iuglans*. È il caso delle noci di Macadamia *(foto nella pagina a fronte)* e di quelle di Pecan, molto adoperate in pasticceria. Le noci sono molto energetiche e caloriche. Contengono proteine, vitamina E, sali minerali, calcio, zinco, potassio, fosforo e omega-3. Un consumo regolare di noci aiuta il buon funzionamento del sistema cardiocircolatorio e combatte il colesterolo cattivo.

Quando avete fretta le noci sono perfette per creare un sugo veloce per un piatto di pasta: tritatele grossolanamente con il coltello, conditele con un po' di olio e limone e aggiungete del prezzemolo e del peperoncino: pronto!

ANACARDI

Sono i frutti di una pianta originaria del Brasile e in Europa vengono consumati prevalentemente da soli oppure tostati con delle spezie. Sono molto calorici ma privi di colesterolo e ricchi di grassi monoinsaturi. Sono una buona fonte proteica e inoltre sono ricchi di potassio, fosforo e ferro. Vengono utilizzati spesso nella cucina crudista. Sono ottimi come complemento di insalate e cereali ma devono essere consumati con moderazione e alternati ad altri tipi di frutta secca a causa del loro alto contenuto di grassi.

PISTACCHI

I pistacchi hanno origini antichissime in Medio Oriente. In Italia furono gli Arabi a diffonderne la coltura, principalmente in Sicilia, il cui clima mite e soleggiato assomigliava

a quello del territorio di origine. In Cina il pistacchio viene chiamato "il seme felice", in Iran invece "il seme che sorride", per il suo guscio semiaperto. I gusci possono essere riutilizzati: se tritati si trasformano in un ottimo concime organico per il nostro orto. I pistacchi al naturale sono poveri di sodio e ricchi di vitamine, soprattutto A e B, fosforo, potassio, ferro e manganese. Il loro apporto energetico è molto alto: sono ottimi per i bambini e per chi pratica sport. Come spuntino, una manciata di pistacchi aiuta a mantenere più a lungo la sensazione di sazietà. In cucina i pistacchi vengono utilizzati sgusciati e pelati, spesso tostati e salati, come condimento per primi e secondi piatti, e in pasticceria trovano impiego per la preparazione di gelati o creme. I migliori pistacchi sono quelli siciliani di Bronte, famosi, conosciuti e apprezzati in tutto il mondo per le loro qualità.

MANDORLE

Sono il seme di un albero di quasi 10 metri di altezza, e sono fra gli ingredienti più amati nella cucina vegetariana, vegana e crudista. Sono speciali se tostate e salate ma deliziose anche al naturale per uno spuntino che ci aiuti a recuperare energie fisiche e mentali, soprattutto dopo sforzi intensi (sono perfette, come le noci, per gli studenti). Ricche di calcio, fosforo e magnesio, le mandorle devono essere consumate con moderazione: la giusta dose, se siete nel vostro peso forma, è di 10-15 al giorno. Da questo frutto è possibile ottenere anche il latte, con un procedimento molto semplice. Le mandorle amare, invece, non possono essere consumate poiché contengono una componente tossica (che viene inattivata, però, dalla cottura).

NOCCIOLE

Le nocciole sono i semi di una pianta spontanea, il nocciolo comune. Sono caratterizzate da un aroma appetitoso che le rende adatte alla mescolanza con altri prodotti. Ne esistono di molte varietà, fra le quali la Tonda gentile Trilobata (come la Nocciola tonda gentile delle Langhe IGP), la Tonda di Giffoni, la Tonda gentile romana, la Mortarella e la Tonda tardiva. Durante la Seconda guerra mondiale, poiché il cacao era difficilmente reperibile, le nocciole vennero utilizzate per realizzare prodotti che lo ricordassero. Una volta finita la guerra, il cioccolato continuò a essere aromatizzato con la nocciola. Nell'antica Roma, durante i matrimoni si era soliti regalare una pianta di nocciolo come simbolo di felicità. Dopo le mandorle, le nocciole sono i frutti più ricchi di vitamina E (antiossidante naturale). Inoltre sono un'ottima fonte di potassio, fosforo e calcio.
Ovviamente le nocciole sono ottime abbinate alla frutta fresca e sono perfette come complemento nei dolci, ma non dimenticate di assaggiarle anche in abbinamento al salato: funghi, spinaci, panna, zucchine, sono tutti degni compagni di questo piccolo prodigio naturale.

SEMI DI GIRASOLE

Sono i semi essiccati della pianta del girasole. Da essi, per spremitura, si ottiene l'olio di girasole, dal colore giallo pallido e dal sapore delicato. L'olio di semi di girasole è adatto alla cottura, ma non alle fritture perché non sopporta le alte temperature. Oltre che per ricavarne l'olio, i semi di girasole possono essere impiegati in cucina in diverse preparazioni: per insaporire pane e prodotti da forno, per rendere più sfiziose le insalate miste e arricchire primi piatti a base di pasta, riso e cereali. Grazie all'elevato potere energetico, sono ideali a colazione, aggiunti allo yogurt, o leggermente salati e tostati da servire tra gli aperitivi o come snack. Questi semi sono un alimento molto nutriente:

ricchi di acido folico e linoleico, calcio, potassio, fosforo, selenio, fibre e vitamina E, hanno proprietà antiossidanti e antinfiammatorie, favoriscono la funzione intestinale, hanno un effetto rilassante e aiutano a ridurre la quantità di colesterolo cattivo presente nell'organismo.

SEMI DI LINO

Il lino è coltivato sia per i suoi semi che per la sua fibra. Dai semi di lino si ottengono sia la farina che l'olio, entrambi commestibili. In particolare l'olio ha vari impieghi come integratore alimentare e come ingrediente in prodotti per il legno. È inoltre largamente utilizzato dall'industria cosmetica come ingrediente base nei prodotti per la cura dei capelli. Nell'antichità pare fosse ampiamente coltivato in Etiopia e in Egitto. Le prove della coltivazione e dell'utilizzo di lino risalgono a oltre 6.000 anni fa, mentre l'introduzione nel Nord Europa avvenne in epoca preromana. La medicina popolare utilizzava i semi di lino come lassativo e come impacco contro la tosse secca. Oggi, in fitoterapia, l'olio di lino è consigliato come antinfiammatorio ed emolliente. I semi di lino sono ricchi di omega-3 e omega-6 e hanno un alto contenuto di fibre. Possono essere consumati secchi e interi, oppure ammollati in acqua e consumati appena germogliano. Si mettono nell'insalata, nel pane, in genere nelle preparazioni salate. Per sfruttarne al meglio le proprietà, però, la cosa migliore è tritarli molto finemente con un macinacaffè, poiché questi semi sono gastroresistenti e il nostro organismo rischia di non assimilarli affatto.

CHE COS'È IL TAHIN?

È una crema a base di semi di sesamo, ideale sia come condimento che come ingrediente in preparazioni salate e dolci.

INGREDIENTI: 100 g di semi di sesamo biologici, olio di semi di sesamo o di vinaccioli, sale

Tostate in padella per qualche minuto a fiamma non troppo alta i semi di sesamo (meglio se biologici) mescolandoli spesso e facendo attenzione che non si brucino.
Una volta tostati, tritateli in un frullatore aggiungendo un po' alla volta l'olio di semi di sesamo e aggiustando di sale fino a ottenere un composto omogeneo. Il vostro "burro di sesamo", o tahin, è pronto!

Si consuma da solo sul pane, si usa nella preparazione dell'hummus di ceci, si serve insieme ai falafel oppure, corretto con aglio e limone, accompagna il babaganush, una purea di melanzane alla menta.

SEMI DI ZUCCA

I semi di zucca si raccolgono tra agosto e ottobre dall'omonimo ortaggio, pianta erbacea di grosse dimensioni della famiglia delle Cucurbitacee, coltivata in Italia in diverse varietà.
Sbucciati ed essiccati al sole o in forno, vanno conservati in vasi di vetro o porcellana oppure in sacchetti di alluminio per mantenerne intatte le proprietà. Rappresentano una buona fonte proteica e sono altamente digeribili. È possibile prelevare i semi di zucca direttamente dalla zucca separandoli per bene dalla polpa e lasciandoli asciugare in un tovagliolo fino a che non saranno secchi. Meglio verificare, in questo caso, che la zucca provenga da coltivazioni biologiche. Ottimi nel pane casereccio, come condimento per le insalate e da sgranocchiare all'ora dello spuntino, i semi di zucca hanno diverse proprietà: contengono triptofano, un aminoacido precursore della serotonina, che favorisce il buonumore e il sonno; sono ricchi di magnesio, zinco, ferro, acidi grassi essenziali omega-3; hanno proprietà antinfiammatorie, abbassano il colesterolo cattivo nel sangue e contengono fibre vegetali utili al benessere dell'intestino.

SEMI DI SESAMO

Il sesamo è una pianta erbacea spontanea, alta fino a un metro, della famiglia delle Pedaliacee. Originaria delle zone tropicali e subtropicali di Asia (India soprattutto) e Africa, viene coltivata in diverse parti del mondo: in Italia, per esempio, i suoi semi vengono raccolti soprattutto in Sicilia. Una curiosità: 30 g di semi di sesamo apportano 300 mg di calcio, pari al 35% circa del fabbisogno giornaliero di una persona adulta. Nella stessa dose troviamo anche elevate percentuali di magnesio e di rame. Esistono tre varietà di sesamo: quello bianco, più comune, quello nero e quello rosso, leggermente più ricco di ferro. A tavola è quindi importante non farsi mai mancare il sesamo, soprattutto quello nero, ottimo nelle insalate, nel pane e nei grissini e, sotto forma di tahin, nell'hummus, la crema orientale preparata con i ceci.

ARACHIDI

Conosciute anche come noccioline americane, sono fra gli alimenti vegetali più ricchi di proteine, seconde solamente alla soia.
In cucina sono impiegate per preparare biscotti e croccanti ma vengono consumate anche da sole, tostate e salate, come stuzzichino e accompagnamento di aperitivi o come condimento per insalate. Le arachidi sono ricche di proteine vegetali, vitamina B, vitamina E, sali minerali e acidi grassi. Sono un alimento molto energetico ma sono prive di colesterolo.

Sono perfette abbinate ai piatti salati e agrodolci: provatele, per esempio, tritate con mele e bocconcini di seitan spadellati in olio, sale e limone. Meraviglioso anche l'abbinamento con il cioccolato.

LE ALGHE

Tipiche della tradizione gastronomica orientale ma anche di quella italiana del Sud, le alghe hanno iniziato a comparire sempre più spesso anche nelle nostre cucine e sui banchi dei supermercati, portando sulle nostre tavole tutte le loro proprietà benefiche.

Le alghe sono un alimento interessante nella cucina vegetariana e vegana perché molto ricche di oligoelementi, minerali, vitamine e proteine, facilmente digeribili e poco caloriche. Aiutano a rivitalizzare l'organismo stimolando il metabolismo e rafforzando il sistema immunitario. Ne esistono molte specie (circa 35.000, anche se moltissime sono quelle non commestibili), e si distinguono principalmente in base al colore: ci sono le alghe verdi-azzurre di acqua dolce, le alghe rosse, che crescono nelle acque profonde, e quelle brune, le più utilizzate in cucina e in cosmesi. Potete trovarle, generalmente essiccate o sotto forma di integratori, nei negozi che vendono prodotti biologici o asiatici o nelle erboristerie: ricordatevi che le alghe sono delle vere e proprie "spugne", per questo è importante accertarsi della provenienza e della qualità del prodotto che si acquista.

WAKAME

La wakame (*Undaria pinnatifida*) è un'alga marina bruna di colore verde scuro, filiforme e dal gusto delicato. Può essere mangiata cruda, dopo essere stata reidratata in acqua per qualche minuto, oppure appena scottata in insalata, ma anche aggiunta a minestre, stufati e primi piatti di riso e pasta o servita come contorno di verdura, per esempio con il tofu. È originaria dei mari del Giappone, ma dopo il disastro di Fukushima del 2011 è diventato difficile trovare alghe di provenienza giapponese. Tuttavia, è possibile reperire in commercio wakame che arrivano da altri paesi, come Cina, Corea, Australia e Francia. Il consiglio, come sempre, è di acquistare in negozi di fiducia che garantiscano una provenienza certificata e tracciata del prodotto.

È particolarmente ricca di calcio, magnesio, ferro, proteine, vitamine B e C. Come nel caso delle altre alghe di mare, ha un alto contenuto di iodio e deve quindi essere usata con moderazione nei soggetti ipertiroidei.
Proprio per il suo buon profilo nutrizionale, l'alga wakame è disponibile in commercio anche sotto forma di integratore per combattere gli stati di affaticamento o di carenza nutrizionale, per disintossicare l'organismo e migliorare lo stato di pelle, unghie e capelli.

NORI

La nori (*Porphyra umbilicalis*) è forse l'alga più famosa perché è quella normalmente usata dalla cucina giapponese per avvolgere il riso.
Si tratta di un'alga rossa marina dalle grandi proprietà nutrizionali, perché particolarmente ricca di proteine. La trovate in commercio per lo più in fogli, già tostata. Potete sbriciolarla finemente e usarla per aromatizzare minestre, zuppe, pasta, patate e salse di condimento. Se non avete mai provato le alghe, la nori è quella giusta dalla quale partire.

AGAR-AGAR

L'agar-agar è un prodotto ottenuto dalla lavorazione di alghe rosse appartenenti a diversi generi, utilizzato come gelificante e addensante naturale all'interno di molte preparazioni, soprattutto nella cucina vegetariana e vegana, non essendo di origine animale (a differenza della colla di pesce).

KOMBU

La kombu (*Laminaria digitata*, nota anche come kelp) è un'alga bruna che cresce in Giappone, ma anche nei fondali dell'Atlantico del Nord. In cucina è particolarmente indicata nella cottura dei legumi: un pezzetto di kombu rende infatti ceci, lenticchie e fagioli molto più digeribili e teneri.
Ha un gusto leggermente dolce e può essere consumata cotta, per esempio per dare un tocco di sapore in più a contorni di verdure e primi piatti a base di cereali. È particolarmente ricca di calcio e ferro, oltre che di iodio (chi soffre di disturbi tiroidei, infatti, non dovrebbe abusarne).

DULSE

La dulse (*Rhodymenia palmata*, nota in Giappone come *darusu*) è un'alga marina rossa che proviene dall'Atlantico del Nord (dalle coste della Francia alla Groenlandia fino al Canada) oltre che dal Giappone.
È conosciuta e consumata sin dall'antichità, soprattutto durante i lunghi viaggi per terra o per mare o per sfamare le popolazioni più povere, proprio per il suo ottimo profilo nutrizionale (è ricca soprattutto di calcio e proteine).
Ha una consistenza morbida, dopo essere stata cotta, e un gusto particolare, leggermente piccante, che richiama quello della nocciola, oltre che il profumo di mare. Dopo un ammollo di qualche minuto può essere consumata cruda in insalata o, in alternativa, cotta in zuppe, primi piatti con cereali e torte salate.

ARAME

L'arame (*Eisenia bicyclis*) è un'alga marina bruna dal colore molto scuro e dal sapore delicato: l'ideale se volete provare le alghe per la prima volta. La trovate in commercio solitamente tagliata in lunghi filamenti.
Dopo averla reidratata in acqua per qualche minuto, potete consumarla cruda in insalata, oppure cotta in minestre o come accompagnamento a tofu e tempeh.

HIJIKI

L'hijiki (*Hizikia fusiformis*) è un'alga marina bruna particolarmente nota perché ricchissima di calcio e, più in generale, di oligoelementi. Originaria del Pacifico, è una delle alghe più diffuse e consumate in Giappone.
In commercio la potete trovare essiccata, da reidratare in acqua fredda per una ventina di minuti prima di essere consumata sia cruda, in insalata, sia cotta, in zuppe (per le quali potete riutilizzare l'acqua di ammollo, ricca di sostanze nutritive) o unita ai condimenti per pasta e riso.

SPIRULINA

La spirulina è una microalga di acqua dolce dalla forma a spirale usata sin da tempi antichissimi dagli Aztechi, che la raccoglievano sulle sponde del lago Texcoco e la usavano come ingrediente per preparare una speciale focaccia molto nutriente. Oggi è coltivata per lo più in bacini artificiali, soprattutto in California e alle Hawaii.

Ricchissima di proteine (tre volte più della carne), minerali, vitamine e acidi grassi, la spirulina è considerata un vero e proprio "superfood", tanto che anche gli astronauti in viaggio nello spazio ne fanno uso e in molti Paesi rientra nei programmi di sviluppo per combattere la malnutrizione.
Potete trovarla in commercio in polvere o essiccata, da usare in cucina, grazie al sapore non particolarmente marcato, in preparazioni dolci e salate, dalle zuppe ai dolci al cucchiaio e, soprattutto, sotto forma di integratore rivitalizzante, equilibratore del metabolismo e antinfiammatorio. In questo caso, preferite prodotti in capsule o in polvere di colore verde-azzurro (quelle di colore verde chiaro di norma contengono additivi).

KLAMATH

La klamath è una microalga di acqua dolce che cresce spontanea nelle acque del lago Klamath, in Oregon, Stati Uniti (a differenza delle altre microalghe, che sono per lo più coltivate in bacini artificiali). Le sue riconosciute proprietà antiossidanti e rivitalizzanti fanno sì che venga spesso impiegata in integratori, in capsule o in polvere, che favoriscono la rigenerazione cellulare e la concentrazione. La polvere di klamath può anche essere aggiunta a frullati e zuppe.

CLORELLA

La clorella è un'alga verde-azzurra di acqua dolce. Come le altre microalghe, è usata soprattutto come integratore perché particolarmente ricca di proprietà. Alla clorella, ad alto contenuto di clorofilla, è riconosciuto in modo particolare un alto potere disintossicante e rafforzativo del sistema immunitario. Anche la clorella in polvere, come la spirulina o la klamath, può essere unita a frullati e zuppe. Per tutte e tre, però, è bene ricordare che si tratta di prodotti sensibili al calore e che è quindi consigliabile aggiungerle a fine cottura.

MENO SALE, PIÙ SAPORE

Consumare troppo sale non fa bene al nostro organismo, e questo è un dato di fatto. Secondo l'OMS (Organizzazione Mondiale della Sanità), non dovremmo consumarne più di 5 g al giorno, ma in realtà ne consumiamo almeno il doppio.

Per ridurre l'utilizzo di sale nella nostra alimentazione ci vengono in aiuto insaporitori, erbe e spezie che non solo sono in grado di dare aroma e sapore ai piatti ma sono anche ricchi di proprietà benefiche. La regola fondamentale in cucina è usare le spezie con equilibrio e armonia, ma soprattutto fantasia.
Peperoncino, paprica, curry, cumino sono l'ideale per sostituire il sale e insaporire i vostri piatti a base di verdure senza rinunciare al gusto. Perfette anche le erbe aromatiche come alloro, rosmarino, aglio, basilico e prezzemolo. Nell'insalata, per esempio, per ridurre il sale basterà aggiungere un po' di limone in più. Ma vediamo insieme gli insaporitori.

LE SPEZIE

Provengono da terre lontane ed esotiche e vantano storie e usi antichissimi: sono le spezie, sostanze aromatiche di origine vegetale ricavate da gemme, fiori, semi, rizomi, radici e cortecce. Tipici delle cucine orientali, questi ingredienti sono ormai molto diffusi anche sulle nostre tavole per la loro capacità

di esaltare il gusto delle singole pietanze, oltre che per le proprietà digestive che spesso li caratterizzano. Il mondo delle spezie è vastissimo e ricco di sapori e profumi; gli abbinamenti sono infiniti.

CONSERVAZIONE

È importante conservare le spezie nel modo corretto per preservarne il sapore e l'aroma. È quindi sconsigliato utilizzare sacchetti di plastica, mentre sono da preferire barattoli di vetro, di legno o di ceramica con chiusura ermetica. Per la loro conservazione è consigliabile tenerle lontane da fonti di calore e di umidità (quindi non vicino a fornelli e lavello) e al buio. Tempi di conservazione: un anno per le spezie intere e circa 6 mesi per quelle macinate.

O!

Per capire se una spezia è ancora fresca e buona da utilizzare, rovesciatene un po' sul palmo di una mano, strofinate e annusate. Se non sentite un aroma forte e immediato la vostra spezia è invecchiata, ha perso aroma e non insaporirà il piatto come vi aspettate: è meglio sostituirla.

ACQUISTO

Il primo criterio per l'acquisto è il profumo: la spezia deve avere un aroma consistente. L'ideale è acquistare le spezie nella loro forma originaria e macinarle solo quando dovete utilizzarle, magari dopo averle leggermente tostate, per sfruttare completamente gli oli volatili che si sviluppano durante la macinatura. Il secondo criterio è il colore: una spezia dai colori sbiaditi e spenti è vecchia e potrebbe aver perso parte delle sue qualità. È sempre meglio acquistarne piccole quantità in modo da riuscire a consumare le spezie prima che invecchino. Un altro motivo per acquistare le spezie intere è che la legge, in Italia come in altri Paesi, è carente e non prevede controlli per le spezie in polvere che, spesso, possono contenere molte impurità.

UTILIZZO

La maggior parte delle spezie, come cumino, cardamomo, coriandolo, sviluppa il proprio aroma se viene tostata leggermente prima di essere macinata o aggiunta al piatto da preparare. Altre, come la cannella in stecche, hanno bisogno di essere cotte insieme ai cibi e poi tolte prima del consumo (per semplificare questa operazione avvolgetele in una garza o legatele tra loro). In generale, comunque, dato che la cottura modifica l'aroma, la regola da seguire è: per le cotture lunghe utilizzate le spezie intere, per cotture rapide meglio le spezie macinate. Per macinare le spezie potete utilizzare un mortaio, un macinacaffè o un matterello: non è indicato l'utilizzo di mixer o frullatori.

MISO

Il miso, conosciuto per la preparazione giapponese di una zuppa, è un condimento ottenuto dalla fermentazione dei fagioli di soia gialla, a cui spesso vengono aggiunti anche altri ingredienti. È ricco di proteine e di enzimi che migliorano la flora batterica. In commercio è possibile trovarne di varie tipologie.

- **MISO DI ORZO ONOZAKI/ MUGI MISO:** è prodotto con soia, orzo e sale, è di colore chiaro e ha un sapore un po' più delicato di quello classico a base di sola soia.

- **MISO DI RISO JOHSEN:** è prodotto dalla soia con aggiunta di riso integrale e sale. Ha un sapore deciso e la sua fermentazione dura fino a 24 mesi.

- **HATCHO MISO:** viene prodotto solo con soia e sale, è il più scuro e ha un sapore molto intenso, ma è anche quello per cui viene utilizzato meno sale nella preparazione.

- **SHIRO MISO:** è un miso bianco dolce, ha un sapore più delicato e viene realizzato con una percentuale più alta di riso che di soia.

- **NATTO MISO:** è realizzato con malto d'orzo, zenzero, shoyu e alghe kombu. I fagioli di soia al suo interno rimangono spesso interi.

- **TEKKA DI MISO:** questa polvere, da usare (con parsimonia) come condimento, si prepara con radici come bardana e carote. Il suo nome giapponese significa «radice di ferro».

C'è una grande differenza tra la preparazione del miso classico e quella del miso industriale: la prima prevede il trasferimento del composto in grandi tini, dove viene pressato con dei pesi appositi e fatto fermentare in acqua salata per un periodo che varia dai 12 ai 24 mesi; nel procedimento industriale, invece, la fermentazione può durare anche solo poche ore, rendendo necessaria la pastorizzazione ed eventualmente l'aggiunta di additivi per stabilizzare il composto. Il miso ha un sapore salato e viene utilizzato per insaporire i piatti quasi sempre dopo essere stato disciolto in un liquido (può essere considerato alla stregua del nostro dado vegetale). Nei supermercati dedicati ai cibi etnici o agli alimenti biologici si trova in panetti o in barattoli di vetro, sotto forma di pasta; una volta aperto potete conservarlo in frigorifero in un barattolo di vetro ben chiuso. È un prodotto che non ha una vera scadenza, data la forte presenza di sale e la fermentazione. Evitate di utilizzare il miso in cottura, perché le alte temperature ucciderebbero enzimi e fermenti di questo insaporitore.

SALSA DI SOIA

Come il miso, anche la salsa di soia, di provenienza orientale, si ottiene dalla lavorazione e successiva fermentazione di soia, grano tostato, acqua, sale e koji (un genere di fungo). La lavorazione di questa salsa può durare da 72 ore fino a 6 mesi, dipende dal metodo che viene utilizzato, industriale (più breve) oppure tradizionale (più lungo). La produzione industriale di salsa di soia prevede solo l'utilizzo delle proteine della soia idrolizzata, che non conferiscono il colore scuro alla salsa: essa viene perciò a volte addizionata con del caramello. La salsa di soia è naturalmente ricca di glutammato monosodico (il sale di sodio dell'acido glutammico, uno dei 20 aminoacidi

naturali che costituiscono le proteine), di sodio e di potassio. È una salsa che si usa per condire verdure, zuppe e secondi piatti in sostituzione del sale. Messa nell'acqua di cottura è ottima anche per cuocere cereali e pasta.

DADO VEGETALE

Il dado vegetale è un alleato in cucina che aiuta a insaporire naturalmente i nostri piatti, se usato nel liquido per cuocere i cereali oppure per arricchire una spadellata di verdure. Non è obbligatorio acquistare quelli in commercio, poiché è possibile prepararlo in casa con pochi semplici passaggi e conservarlo in freezer fino a 6 mesi, sempre pronto all'uso. Autoprodurre il dado vegetale è facile, economico e soprattutto più salutare perché otterremo un prodotto senza addensanti, conservanti, coloranti.

GOMASIO

Il gomasio è un ingrediente tipico della cucina asiatica composto da sale marino e semi di sesamo tostati e pestati o tritati; talvolta è arricchito con alghe, erbe come rosmarino, origano, erba cipollina o timo. Lo si usa in tutto l'Oriente ma è diffuso soprattutto nella cucina giapponese e in quella macrobiotica: viene usato per condire insalate o salse ma anche per insaporire verdure cotte o riso bollito; di fatto sostituisce il sale puro. Poiché è un prodotto abbastanza calorico è consigliabile utilizzarne 10-20 g per volta.

LIEVITO ALIMENTARE

Il lievito alimentare *(foto nella pagina a fronte)* è una lavorazione del lievito di birra: viene sottoposto a un processo di essiccazione istantanea oppure liofilizzato per impedire che perda le sue caratteristiche nutrizionali. È una fonte ricchissima di proteine e vitamine del gruppo B. Si ottiene dalla lavorazione del lievito di birra "basso", ossia prodotto a una temperatura fra 0 e 5 °C; il lievito di birra che si utilizza durante la panificazione, invece, quello in panetti, è tratto dal lievito "alto", ossia prodotto fra i 15 e i 20 °C. Quello alimentare non è quindi un lievito da panificazione o da utilizzare nei dolci, ma viene usato come insaporitore. Lo si trova in commercio in scaglie o fiocchi ed è spesso utilizzato nella cucina vegana al posto del formaggio grattugiato oppure da chi è intollerante ai latticini. È necessario, però, non esagerare con il suo consumo, poiché può creare una reazione di intolleranza ai lieviti.

GOMASIO: LA RICETTA PER FARLO IN CASA

Per ottenere circa 100 g di gomasio la proporzione ideale è 1 cucchiaio di sale per 7 cucchiai di semi di sesamo.

Sciacquate e scolate i semi di sesamo, poi tostateli in forno a 100 °C per 15 minuti oppure in una padella a fiamma bassa. Per verificare la tostatura prendete un cucchiaio e raccogliete i semi: se rimangono attaccati al cucchiaio significa che il sesamo non è ancora tostato correttamente. Lasciate raffreddare e trasferite il sesamo nel mortaio, aggiungete il sale e pestate il tutto con movimenti circolari fino a ottenere una polvere non troppo fine e leggermente oleosa.

Potete conservarlo in frigorifero in un barattolo di vetro per una settimana.

GLI ABBINAMENTI DI SPEZIE ED ERBE AROMATICHE

SPEZIE E AROMI	VERDURA	FRUTTA
ANICE	asparagi, carote, cavolo verza, cetrioli, funghi, piselli, pomodori	ananas, arance, banane, mandarini, avocado, ciliegie, cocco, fichi, fragole, lamponi, limoni, lime, mango, mele, melone, mandarini, mirtilli, papaia, pere, pesche, prugne, pompelmi, uva
CANNELLA	carote, fagiolini, pomodori, spinaci, zucca	tutta la frutta cruda o cotta
CARDAMOMO	carote	albicocche, ananas, arance, banane, cocco, limoni, mele, melone, mandarini, mango, pere
CHIODI DI GAROFANO	cipolle, fagiolini, pomodori, rape, zucca	albicocche, ananas, arance, ciliegie, fragole, limoni, mele, mirtilli, pere, pesche, prugne, uva
CUMINO	barbabietole, carote, cavolfiori, cetrioli, finocchi, champignon, melanzane, patate	avocado, cocco, limoni, mango
CURCUMA	tutta la verdura	-
CURRY	carote, cavoli, cavolini di Bruxelles, cavolfiori, cetrioli, cipolle, fagiolini, finocchi, champignon, melanzane, patate, peperoni, piselli, rape, pomodori, spinaci, zucchine, zucca	fragole, mele
SEMI DI FINOCCHIO	cavolfiori, finocchi, melanzane, patate, piselli, pomodori	fichi, limoni, mele
NOCE MOSCATA	asparagi, broccoli, cavoli, cavolfiore, cavolini di Bruxelles, melanzane, patate, piselli, pomodori, sedano, spinaci, zucca	arance, avocado, ciliegie, lamponi, mandarini, mele, mirtilli, pere, prugne

SPEZIE E AROMI	VERDURA	FRUTTA
PAPRICA	carciofi, cipolle, patate, pomodori, zucca	avocado
PEPE NERO	broccoli, carote, cetrioli, cipolle, finocchi, melanzane, patate, pomodori, zucchine, zucca	ananas, avocado, fichi, fragole, limoni, mango, melone, pere, pesche, uva
PEPERONCINO	broccoli, cavolfiori, cetrioli, finocchi, melanzane, patate, peperoni, pomodori, zucca	ananas, arance, avocado, banane, cocco, lamponi, limoni, mango, mirtilli
SENAPE	asparagi, broccoli, cavolini di Bruxelles, cipolle, peperoni, rape	mele
VANIGLIA	fagiolini, pomodori	albicocche, ananas, arance, banane, ciliegie, cocco, fichi, fragole, limoni, mandarini, mele, pere, pesche, uva
ZAFFERANO	cavolfiori, patate	arance, limoni
ZENZERO	cipolle, carote, cavoli, champignon, melanzane, pomodori, peperoni, rape, zucchine, zucca	albicocche, arance, banane, fichi, lamponi, lime, limoni, mele, melone, mandarini, mango, mirtilli, pere, pesche, prugne, pompelmi, uva
ALLORO	carciofi, carote, fagiolini, melanzane, rape	-
ANETO	asparagi, barbabietole, carote, cavolfiore, cetrioli, funghi, patate, piselli, pomodori	albicocche, avocado, cocco, limoni
BASILICO	cetrioli, cipolle, melanzane, peperoni, pomodori, spinaci, zucchine	albicocche, ananas, arance, avocado, cocco, fichi, fragole, lamponi, limoni, pesche, prugne
CORIANDOLO	carciofi, cavolfiore, cavolini di Bruxelles, champignon, cipolle, patate, pomodori, zucchine	ananas, anguria, arance, avocado, banane, cocco, limoni, mango, mele, melone, pere
DRAGONCELLO	asparagi, broccoli, carote, champignon, piselli, spinaci	-

SPEZIE E AROMI	VERDURA	FRUTTA
ERBA CIPOLLINA	melanzane, patate, pomodori, zucca	-
LAVANDA	-	arance, limoni, mirtilli
MAGGIORANA	asparagi, broccoli, carciofi, cavoli, cavolini di Bruxelles, fagiolini, melanzane, patate, peperoni, pomodori, spinaci, zucca	-
MENTA	asparagi, carciofi, cavolini di Bruxelles, cetrioli, cipolle, funghi, melanzane, patate, piselli, spinaci, zucchine	tutta la frutta cruda o cotta, avocado
ORIGANO	cavoli, cavolini di Bruxelles, cavolfiori, fagiolini, melanzane, peperoni, piselli, pomodori, zucchine	arance, limoni
PREZZEMOLO	carote, cavoli, cavolini di Bruxelles, cavolfiori, cetrioli, finocchi, champignon, melanzane, patate, peperoni, zucchine	albicocche, banane, limoni, mango, melone, pompelmi
ROSMARINO	cipolle, cavoli, cavolini di Bruxelles, funghi, patate, piselli, spinaci, zucca	albicocche, anguria, arance, ananas, fragole, limoni, mirtilli, pesche, uva
SALVIA	cipolle, fagiolini, melanzane, piselli, pomodori, spinaci, zucca	ananas, fragole, mele
TIMO	cipolle, finocchi, champignon, melanzane, peperoni, pomodori, spinaci, zucca	arance, ciliegie, fichi, limoni, melone, pere, pesche, prugne

RICETTARIO

5

Dalle basi in cucina, passando dai primi ai dolci,
fino alle ricette da portare fuori casa:
facili e buonissime

LE BASI

CREMA DI NOCCIOLE

Un classico della colazione e della merenda in chiave vegan, senza olio di palma.

Iniziate tagliando grossolanamente il cioccolato, poi mettetelo in una ciotola e fatelo sciogliere a bagnomaria.

A parte, con un piccolo robot da cucina tritate lo zucchero con le nocciole. Potete decidere se tritarle grossolanamente oppure ridurle in crema, per avere una consistenza finale più vellutata.

Ora unite le nocciole al cioccolato fuso e mescolate per amalgamare bene gli ingredienti.

Sempre mescolando aggiungete il latte vegetale fino a ottenere una crema liscia e omogenea; fate raffreddare prima dell'utilizzo.

La crema si conserva in frigorifero per 3-4 giorni e può anche essere congelata.

PREPARAZIONE: *15 min.*
COTTURA: -
PER *8 persone*

INGREDIENTI:
300 g di cioccolato fondente,
150 ml di latte di soia o di nocciola,
100 g di zucchero di canna integrale,
100 g di nocciole sgusciate

STRUMENTI:
mixer

O!

Potete sostituire le nocciole con le mandorle o le noci, a seconda del sapore che preferite.

BESCIAMELLA 100% VEGETALE

PREPARAZIONE: *5 min.*
COTTURA: *15 min.*
PER *500 ml di besciamella*

INGREDIENTI:

500 ml di latte di soia non zuccherato,
40 g di olio extravergine di oliva,
40 g di farina integrale,
sale e noce moscata

Potete aromatizzare la besciamella con del pepe o con del concentrato di pomodoro.

La besciamella è una delle salse più golose e versatili. La ricetta tradizionale prevede come ingredienti il latte vaccino, la farina, il burro e la noce moscata, ma è possibile realizzare anche una semplice versione vegan di questa crema, perfetta per condire primi piatti e verdure gratinate.

Scaldate per qualche minuto la farina e l'olio extravergine di oliva in un pentolino antiaderente. Versate il latte di soia e mescolate con una frusta evitando la formazione di grumi.

Continuate così fino a che il composto non arriverà a bollore. Abbassate la fiamma e mescolate ancora fino a quando la besciamella non risulterà cremosa. Potete insaporire come preferite con noce moscata, sale, pepe oppure paprica dolce o piccante per un tocco diverso e, ancora, con del concentrato di pomodoro.

Oltre al latte di soia, è possibile utilizzare anche altre bevande vegetali non dolcificate, come il latte di farro o quello di avena. Sconsigliati quelli di riso e di mandorle: sono in ogni caso troppo dolci per una besciamella salata.

CREMA PASTICCIERA

Perfetta per farcire delle crostate oppure gli strati di una torta... ma anche servita come dolce al cucchiaio con della frutta fresca è superlativa!

Versate in un pentolino l'amido di mais, la curcuma e lo zucchero. Aggiungete qualche cucchiaio di latte di soia (la quantità minima sufficiente a sciogliere completamente l'amido di mais): questo passaggio eviterà la formazione di grumi nella crema.

Versate anche il restante latte e mettete il pentolino sul fornello a fiamma bassa; aggiungete la vaniglia e cuocete la crema mescolando continuamente per evitare che il fondo si attacchi. Una volta addensata, lasciate cuocere la crema per altri 2 minuti, poi assaggiate: se non sentite più il sapore dell'amido crudo rimuovetela dal fuoco, altrimenti prolungate la cottura di 1 o 2 minuti.

Trasferite la crema in una ciotola e copritela con un foglio di pellicola per alimenti a diretto contatto con la superficie, per evitare che si formi una fastidiosa patina. Una volta raffreddata, la vostra crema sarà pronta all'uso. Se dovesse risultare troppo densa potete mescolarla con un cucchiaio o una frusta per farla tornare bella liscia.

PREPARAZIONE: *10 min.*
COTTURA: *2-3 min.*
PER *1 l di crema*

INGREDIENTI:
1 l di latte di soia (o altro latte vegetale),
100 g di amido di mais o di riso,
1/2 cucchiaino di curcuma,
30 g di zucchero di canna integrale,
vaniglia in polvere

Questa crema può essere aromatizzata con del cioccolato in scaglie da sciogliere al suo interno, per creare una deliziosa crema pasticciera al cioccolato.

HUMMUS CLASSICO

PREPARAZIONE: *5 min.*
COTTURA: -
PER *4 persone*

INGREDIENTI:
300 g di ceci secchi,
50 g di tahin,
il succo di 1 limone,
2 spicchi di aglio,
50 g di olio extravergine di oliva,
sesamo e paprica,
sale

STRUMENTI:
mixer

O!

Potete aromatizzare il vostro hummus con del pesto o del concentrato di pomodoro, oppure con le erbe che amate, come salvia e rosmarino.

L'hummus è la tipica crema color ocra a base di ceci e tahin originaria della tradizione culinaria araba. Perfetto spalmato su pane e crostini (o sulla pita, il tipico pane arabo) e per accompagnare verdure crude in pinzimonio, oppure ancora servito insieme ai falafel, le tipiche polpette di legumi. Prepararlo in casa è facilissimo!

Mettete in ammollo i ceci secchi per 12 ore in acqua pari al doppio del loro peso (in questo caso 600 ml). Trascorso questo tempo, scolateli, sciacquateli molto bene e metteteli a cuocere per circa 2 ore (o sino a quando non saranno ben morbidi).

Sciacquate i ceci cotti sotto l'acqua e muoveteli con le mani per togliere le bucce che li ricoprono. Ricordatevi di tenere da parte un bicchiere di acqua di cottura. Frullate i ceci in un robot da cucina potente aggiungendo il tahin, l'aglio, l'olio, il succo di limone e sale. La crema dovrà essere densa e senza grumi; se ce ne fosse bisogno, per renderla più cremosa è possibile aggiungere un po' di acqua di cottura dei legumi.

Servite l'hummus con un filo di olio, decorando con i semi di sesamo e paprica oppure con del prezzemolo. Potete aggiungere all'impasto nel robot anche dei semi di cumino o di senape o della senape in crema.

Potete realizzare l'hummus anche con dei ceci già lessati. Si conserva per due o tre giorni in frigorifero ed è possibile congelarlo.

MAIONESE SENZA UOVA

PREPARAZIONE: *15 min.*
COTTURA: -
PER *150 g di maionese*

INGREDIENTI:
50 ml di latte di soia,
100 ml di olio di semi di mais o di girasole,
1 cucchiaino di aceto di mele,
1 cucchiaino di senape,
sale

STRUMENTI:
frullatore a immersione

O!

Al posto del latte, e nelle stesse quantità, potete utilizzare lo yogurt di soia.

Una crema morbida, gustosa, perfetta per tutte le occasioni: dal pinzimonio, passando per i panini, fino all'accoppiata con le polpette vegetali o il dressing per un'insalata di patate.

In un contenitore dai bordi piuttosto alti versate il latte di soia, l'aceto di mele e aggiungete la senape e un pizzico di sale.

Utilizzando un frullatore a immersione iniziate a emulsionare; nel frattempo versate a filo l'olio e continuate il lavoro con il mixer fino a quando il composto non inizierà ad addensarsi.

Continuate a lavorare per amalgamare bene tutti gli ingredienti e per ottenere una consistenza più densa.

Al termine insaporite e decorate con erbe aromatiche a piacere: potete per esempio utilizzare l'origano o l'erba cipollina, oppure le spezie che preferite, che oltre a insaporire la maionese le doneranno una nota di colore.

La maionese vegetale si conserva per due o tre giorni in frigorifero.

PAN DI SPAGNA

Una preparazione di base che tutti dovrebbero avere nel proprio quaderno delle ricette: facile da realizzare, soffice e delicata, perfetta come base per altri dolci. Marmellata, crema di nocciole al cacao, crema pasticciera: scegliete la vostra farcitura preferita e date sfogo alla vostra vena creativa.

In una ciotola capiente mescolate lo zucchero con l'olio di semi di girasole. Setacciate poi la farina, l'amido di mais e il lievito direttamente sul composto di olio e zucchero, unite il sale e i semi del baccello di vaniglia e mescolate bene. Aggiungete anche il latte di soia e mescolate fino a ottenere un composto omogeneo.

Foderate una tortiera con carta da forno, versatevi l'impasto e infornate in forno statico a 180 °C per 25-30 minuti. Per assicurarvi che sia cotto infilzate il pan di Spagna con uno stuzzicadenti: dovrà uscire asciutto e senza residui d'impasto attaccati. Sfornate e lasciate raffreddare completamente prima di procedere all'eventuale taglio e alla farcitura.

Potete conservare questo pan di Spagna coperto da un telo pulito o sotto una campana di vetro per dolci per 2-3 giorni.

PREPARAZIONE: *15 min.*
COTTURA: *5 min.*
PER *2 persone*

INGREDIENTI:
175 g di farina 0,
60 g di amido di mais,
130 ml di olio di semi di girasole,
135 g di zucchero grezzo di canna,
150 ml di latte di soia,
16 g di lievito naturale a base di cremortartaro,
1/2 baccello di vaniglia,
1 pizzico di sale

STRUMENTI:
tortiera da 20 cm di diametro

Per un pan di Spagna al cacao potete sostituire 1-2 cucchiai di farina con la stessa quantità di cacao in polvere.

PASTA FROLLA

PREPARAZIONE: *20 min.*
COTTURA: -
PER *500 g di pasta frolla*

INGREDIENTI:

100 g di farina 0,
150 g di farina di farro,
80 ml di olio di mais,
60 ml di acqua,
8 g di lievito naturale
a base di cremortartaro,
la scorza di 1/2 limone
non trattato,
120 g di zucchero
di canna integrale

STRUMENTI:

mixer

Rendete unica questa frolla aggiungendo frutta secca o vaniglia o scorza d'arancia!

Base di moltissime preparazioni dolci, dalle crostate ai biscotti, ecco come prepararla: friabile e profumata, senza burro.

In una ciotola capiente mettete le farine e il cremortartaro e setacciateli per evitare grumi. Questo passaggio faciliterà la cottura e renderà il composto più digeribile.

Frullate lo zucchero in un mixer in modo da polverizzarlo: così non rimarranno granelli all'interno della pasta frolla. Aggiungete alle farine lo zucchero e la scorza di limone grattugiata.

Unite le polveri ai liquidi e mescolate per bene, fino a ottenere un composto lavorabile con le mani.

Trasferite il composto su un piano da lavoro, possibilmente in legno, e lavoratelo fino a ottenere un panetto omogeneo.

Avvolgete il panetto con pellicola per alimenti e lasciatelo riposare in frigorifero per almeno un'ora. Passato il tempo, potrete utilizzare il vostro impasto sia per crostate sia per biscotti. Non preoccupatevi se rilascerà olio: tamponatelo con carta assorbente e procedete poi a stenderlo. Si tratta di una frolla molto friabile, quindi siate delicati.

La pasta si conserva in frigorifero fino a 3 giorni e può anche essere congelata da cruda.

TORTA SENZA GLUTINE ALLO YOGURT

Un dolce semplice da realizzare, ideale per la colazione o come ricetta base per creare delle torte più elaborate. È una torta che non lievita molto, ma grazie allo yogurt rimane morbida e soffice. È perfetta, per esempio, se farcita con uno strato di marmellata o di crema alle nocciole e cacao.

In una ciotola riunite la farina di riso, la farina di mandorle, la farina di ceci, l'amido di mais, lo zucchero, il lievito, la vaniglia e il pizzico di sale. Mescolate bene tutti gli ingredienti secchi, poi aggiungete l'olio di semi di girasole, il latte e lo yogurt di soia. Amalgamate bene il tutto fino a ottenere una pastella omogenea.

Foderate una tortiera del diametro di 22 cm con della carta da forno, versate l'impasto al suo interno e infornate in forno statico a 180 °C per 40 minuti. Sfornate, lasciate raffreddare completamente la torta e servite.

Potete conservare questa torta per 3-4 giorni sotto una campana di vetro per dolci o su un piatto, coperta da un telo pulito.

PREPARAZIONE: *5 min.*
COTTURA: *40 min.*
PER *8 persone*

INGREDIENTI:
200 g di farina di riso,
170 g di zucchero grezzo di canna,
50 g di farina di mandorle,
50 g di farina di ceci,
20 g di amido di mais,
140 g di latte di soia,
90 g di olio di semi di girasole,
125 g di yogurt di soia,
16 g di lievito naturale a base di cremortartaro,
1 pizzico di vaniglia in polvere,
1 pizzico di sale

STRUMENTI:
tortiera del diametro di 22 cm

Aromatizzatela usando yogurt alla frutta oppure profumando l'impasto con spezie o scorza di agrumi.

ANTIPASTI

BRUSCHETTA CON POMODORI E ZUCCHINE

Una deliziosa idea dal carattere mediterraneo che abbina verdura e spezie per un risultato perfetto.

La prima cosa da preparare è l'olio alla maggiorana: sarà sufficiente frullare, in un contenitore alto, l'olio e la maggiorana fresca fino a sminuzzare completamente l'erba, ottenendo così un olio verde aromatizzato.
In una padella versate metà dell'olio alla maggiorana e fate soffriggere lo spicchio d'aglio fino a doratura. Tagliate le zucchine a rondelle non troppo sottili, poi fatele cuocere in padella a fuoco medio-alto per 5-10 minuti fino a quando non saranno dorate e morbide. Regolate di sale e di pepe.

Togliete le zucchine dalla padella e tenetele da parte, aggiungete il restante olio aromatizzato e unite i pomodorini colorati tagliati a metà; saltateli per 2-3 minuti a fiamma alta, in modo che si ammorbidiscano, mantenendo però la loro forma. Regolate di sale e di pepe. Spegnete la fiamma e aggiungete il prezzemolo tritato.

Come ultima cosa tostate i pinoli in una padella antiaderente ben calda, quindi mescolate tutte le verdure e completate con una manciata di pinoli tostati. Servite queste verdure sulle fette di pane tostato.

PREPARAZIONE: *15 min.*
COTTURA: *5 min.*
PER *2 persone*

INGREDIENTI:
4 zucchine,
350 g di pomodorini colorati,
40 g di pinoli,
1 cucchiaio di prezzemolo,
1 spicchio di aglio,
6 fette di pane di grano duro,
60 g di olio extravergine di oliva,
2 cucchiai di maggiorana fresca tritata,
sale e pepe

STRUMENTI:
frullatore a immersione

O!

Per un sapore ancora più fresco sostituite la maggiorana con del basilico.

CANTUCCI SALATI CON MANDORLE E OLIVE

PREPARAZIONE: *20 min.*
COTTURA: *30 min.*
PER *10 persone*

INGREDIENTI:
150 g di farina 0,
40 g di farina di mais fioretto,
15 g di fecola,
30 g di mandorle,
30 g di olive nere,
2 cucchiai di lievito alimentare,
1 cucchiaino di origano,
1/2 cucchiaino di lievito naturale a base di cremortartaro,
1/2 cucchiaino di sale,
1 pizzico di pepe,
40 g di olio extravergine di oliva,
20 g di olio di semi di girasole,
50 g di acqua

O!

In alternativa all'origano, aromatizzate questi cantucci con del rosmarino tritato.

Ottimi da servire come antipasto in accompagnamento a qualche crema, in alternativa a pane o grissini, oppure semplicemente gustati da soli come snack in ogni momento della giornata.

In una ciotola mescolate la farina 0, la farina di mais fioretto, la fecola, il lievito, il lievito alimentare, l'origano, il sale e il pepe. Aggiungete quindi le mandorle tritate molto grossolanamente e le olive e incorporate. Unite infine i due tipi di olio e l'acqua e impastate fino a ottenere un panetto omogeneo.

Dividete l'impasto in due parti e con ciascuna formate un filone lungo e stretto, che andrete a disporre su una teglia coperta di carta da forno, tenendoli leggermente distanziati. Infornate in forno statico a 180 °C per 20 minuti, poi sfornateli, appoggiateli su un tagliere e mentre sono ancora caldi tagliateli con dei tagli a 45°, in modo da ottenere dei cantucci spessi circa 1,5 centimetri.

Disponete nuovamente i biscotti sulla teglia e infornate per altri 10 minuti, rigirandoli dopo i primi 5 minuti in modo che si asciughino bene entrambe le facce. Infine sfornateli e lasciateli raffreddare completamente prima di servirli.

Potete conservare questi cantucci per 3-4 giorni in una scatola di latta.

CREMA DI MELANZANE E BASILICO

Una ricetta alternativa al babaganoush, la tipica crema di melanzane orientale: questa versione è senza tahin, con basilico e paprica. È una ricetta semplice e veloce adatta per un antipasto con gli amici oppure come accompagnamento a burger o polpette. Ottima anche come crema per farcire un bel panino.

Per iniziare, lavate le melanzane, eliminate il picciolo verde e tagliatele a fette e poi a dadini dello spessore di circa un centimetro. Disponetele poi su una leccarda da forno, oliatele e aggiungete sale, cercando di mescolare bene tra loro gli ingredienti. Infornate a 180 °C per circa 40 minuti. Al termine lasciate raffreddare.

Sbollentate il tofu in acqua non salata per circa 2-3 minuti. In un frullatore aggiungete tutti gli ingredienti: il tofu, le melanzane, la cipolla, il basilico, il sale e il pepe in grani. Frullate sino a raggiungere la consistenza desiderata. Servite subito, decorando a piacere con una foglia di basilico e un po' di paprica.

La crema di melanzane può essere conservata in frigorifero in un barattolo ben chiuso al massimo per due giorni.

PREPARAZIONE: *15 min.*
COTTURA: *40 min.*
PER *4 persone*

INGREDIENTI:
2 melanzane,
1 cipolla,
1 panetto di tofu al naturale,
1 cucchiaino di pepe in grani,
basilico,
olio extravergine di oliva,
sale

STRUMENTI:
mixer

Aggiungete nel frullatore pinoli o mandorle tostate: doneranno sapore e nutrienti importanti.

FRITTELLE DI BROCCOLI

PREPARAZIONE: *30 min.*
COTTURA: *10 min.*
PER *6 persone*

INGREDIENTI:

300 g di broccoli,
180 g di farina di ceci,
120 g di farina di riso,
360 g di acqua,
2 cucchiaini di rosmarino tritato,
1/2 cucchiaio di lievito alimentare,
1 cucchiaino di sale,
1/2 cucchiaino di cremortartaro,
1 pizzico di peperoncino,
1 pizzico di aglio in polvere,
olio per friggere

O!

Provate queste frittelle sostituendo metà dei broccoli con dei cavolfiori.

Una ricetta senza uova perfetta per chi vuole concedersi un antipasto sfizioso e goloso. Una semplice pastella a base di farina di ceci e di riso, insaporita con rosmarino e lievito alimentare, è la base di queste frittelle arricchite dal sapore dei broccoli.

In una ciotola riunite e mescolate la farina di ceci, la farina di riso, il sale, il rosmarino, il lievito alimentare, il cremortartaro, il peperoncino e l'aglio. Aggiungete poi a filo l'acqua, mescolando con una frusta fino a formare una pastella liscia e abbastanza densa. Se avete tempo lasciatela riposare per almeno 15 minuti in frigorifero, in modo che il fritto venga più croccante.

Sminuzzate al coltello i broccoli e uniteli alla pastella. Nel frattempo scaldate l'olio e, una volta che sarà caldo, iniziate a friggere le vostre frittelle versando un cucchiaio di pastella alla volta nell'olio. Cuocetele per qualche minuto finché non saranno belle dorate, poi scolatele con un ragno per frittura e appoggiatele su un vassoio con carta assorbente da cucina a perdere l'olio in eccesso. Servitele subito mentre sono ben calde.

Vi consigliamo di consumare queste frittelle appena fatte, in modo da gustarle calde e croccanti. Se vi dovessero comunque avanzare, potete conservarle 1-2 giorni in frigorifero in un contenitore per alimenti e scaldarle in forno al momento del consumo.

FRUTTA SECCA SPEZIATA AL FORNO

PREPARAZIONE: *5 min.*
COTTURA: *15 min.*
PER *6 persone*

INGREDIENTI:
60 g di mandorle,
60 g di noci,
60 g di anacardi,
50 g di semi di zucca,
1/2 cucchiaino di paprica,
1 cucchiaino di zenzero in polvere,
3 chiodi di garofano,
2 cucchiaini di spezie miste per kebab (o altro misto di spezie),
1 rametto di rosmarino,
3 cucchiai di olio extravergine di oliva,
sale e pepe

STRUMENTI:
mortaio

O!

Sperimentate pure con le combinazioni di frutta secca e spezie che preferite, per esempio usando garam masala al posto delle spezie per kebab.

Idea velocissima e molto golosa per stuzzicare l'appetito oppure per uno snack al volo.

Riunite mandorle, noci, anacardi e semi di zucca in una ciotola e condite con la paprica, lo zenzero, i chiodi di garofano ridotti in polvere con il mortaio, il misto di spezie per kebab, sale, pepe e olio; mescolate bene. Distribuite la frutta secca su una teglia foderata di carta da forno e cospargetela con gli aghi di rosmarino.

Infornate la frutta secca in forno statico a 180 °C per 15 minuti, mescolandola e rigirandola verso metà cottura per assicurarvi che si colori uniformemente. Sfornate, lasciate intiepidire e servite come snack.

Potete conservare la frutta secca in un sacchetto o in un contenitore per alimenti per una settimana.

GIRELLE DI PATATE E CURRY

Semplici e golose, queste girelle sono un'idea simpatica e golosa.

Partite mondando la patata. Eliminate la buccia, poi tagliatela a dadini e cuocetela per circa 15 minuti. A parte sbucciate la cipolla e tagliatela a fettine sottili. Unite tutti gli ingredienti per la salsa all'interno di un mixer e lavorateli fino a ottenere una crema omogenea.

Ora stendete la sfoglia su un tavolo e tagliatela, seguendo il senso della larghezza, in tante strisce larghe un paio di centimetri, quindi farcitele con la salsa; arrotolatele poi su se stesse, adagiandole su una leccarda ricoperta di carta da forno. Spennellate la superficie con un filo di olio e cospargete le girelle con i semi di sesamo. Infornate a 180 °C per circa 25 minuti o finché la superficie delle girelle non sarà ben dorata. Servitele calde accompagnate da un calice di Prosecco.

Queste girelle si possono conservare per 2-3 giorni in frigorifero.

PREPARAZIONE: *25 min.*
COTTURA: *15 min.*
PER *4 persone*

PER LE GIRELLE:

1 sfoglia di pasta brisée o pasta sfoglia vegana, olio extravergine di oliva, semi di sesamo (bianchi o neri)

PER LA SALSA:

1 patata,
1 cipolla piccola,
1 cucchiaio di maionese di soia,
1 cucchiaio di senape,
1 cucchiaino di curry,
sale e pepe

STRUMENTI:

mixer

Per un gusto più delicato e leggero potete sostituire la cipolla con uno scalogno.

HUMMUS DI FAGIOLI BORLOTTI AL ROSMARINO

PREPARAZIONE: *10 min.*
COTTURA: *10 min.*
PER *4 persone*

INGREDIENTI:
240 g di fagioli Borlotti lessati,
1 rametto di rosmarino,
1 spicchio di aglio,
50 g di olio extravergine di oliva,
1/2 cucchiaino di sale,
50 g di tahin,
il succo di 1 limone,
noce moscata

STRUMENTI:
mixer

O!

Al posto della noce moscata potete utilizzare la classica paprica oppure, per una variante ancora più speziata, il curry.

Le varianti dell'hummus sono infinite e noi vogliamo provarle tutte: da quelle più semplici a quelle più strane o complesse. Questo può dare dipendenza!

Per prima cosa, in una padella antiaderente fate soffriggere in un filo d'olio lo spicchio di aglio e il rosmarino, che avrete precedentemente tritato finemente. Fate insaporire per almeno 3 minuti, poi aggiungete i fagioli e, continuando a mescolare, cuocete per qualche minuto. Dopo aver eliminato lo spicchio di aglio, trasferite i fagioli in un mixer e aggiungete il sale, 50 g di tahin, il succo di limone, un filo d'olio e la noce moscata; frullate fino a ottenere una crema liscia e omogenea. Se ce ne fosse bisogno, potete aggiungere un goccio di acqua tiepida.

Trasferite l'hummus in una ciotola e decorate con una grattugiata generosa di noce moscata e con rosmarino tritato finemente.

Se avanza, potete conservare l'hummus per un paio di giorni in frigorifero, in un contenitore chiuso.

TORTA SALATA AI CARCIOFI

Una soluzione perfetta per portare in tavola una preparazione di facile realizzazione, ma dal successo assicurato.

Lavate bene le patate, poi lessatele per 40 minuti o finché, infilzate con una forchetta, non risulteranno morbide. Scolatele e lasciatele intiepidire leggermente. Pelatele e passatele allo schiacciapatate, raccogliendo il risultante in una ciotola. Condite il composto di patate lesse con la panna vegetale, il lievito alimentare, una spolverizzata di noce moscata, sale e pepe.

Nel frattempo tagliate i carciofi a spicchi. In una padella scaldate un po' di olio extravergine d'oliva, aggiungete lo spicchio d'aglio e fatelo soffriggere finché non sarà diventato dorato. Unite a questo punto i carciofi, salate e pepate e fate saltare finché non saranno morbidi, aggiungendo una tazzina d'acqua se fosse necessario. A due minuti dalla fine della cottura, aggiungete il prezzemolo tritato. Spegnete la fiamma e lasciate intiepidire.

In una tortiera adagiate la pasta sfoglia, tenendo in alto i bordi. Bucherellate il fondo della pasta sfoglia con i rebbi di una forchetta e ricopritelo con il composto di patate. Sistemate in maniera ordinata gli spicchi di carciofi sulle patate e terminate con un giro d'olio. Ripiegate i bordi della pasta sfoglia verso l'interno e infornate in forno statico a 200 °C per 30 minuti, tenendo la griglia del forno sul ripiano più basso, per assicurarvi una corretta cottura anche della base della torta salata. Una volta cotta e ben dorata, sfornate la torta e servitela tiepida.

PREPARAZIONE: *15 min.*
COTTURA: *5 min.*
PER *2 persone*

INGREDIENTI:
1 rotolo di pasta sfoglia,
300 g di carciofi già puliti,
2 patate grandi,
75 ml di panna vegetale (di soia, di riso o d'avena),
1 cucchiaio di lievito alimentare,
1 spicchio di aglio,
prezzemolo,
noce moscata,
olio extravergine di oliva
sale e pepe

STRUMENTI:
schiacciapatate,
tortiera del diametro di 22 cm

Al posto della pasta sfoglia potete usare la pasta brisée.

PRIMI PIATTI

CARBONARA VEGANA

Primo esperimento veg in cucina? Rompete il ghiaccio e partite da un grande classico della tradizione culinaria italiana: la carbonara, qui in versione 100% vegetale.

In una ciotola mescolate la farina di mais fioretto con la panna di soia, la curcuma e un pizzico di sale. La scelta tra farina di mais o di ceci dipende dal sapore e dalla consistenza che vorrete dare al sugo con il quale condirete gli spaghetti: nel primo caso avrete una crema molto più gialla e granulosa, nel secondo la consistenza sarà più fine, con un sapore di ceci marcato.

Tagliate quindi a dadini piccoli il tofu affumicato e la zucchina, dopo averla lavata. In un wok fate rosolare lo spicchio d'aglio con un filo di olio, poi aggiungete la dadolata di zucchine e tofu. Spolverizzate con il pepe e un pizzico di sale. Cuocete per 5 minuti a fiamma alta: la verdura deve rimanere ben croccante.

Cuocete gli spaghetti integrali in abbondante acqua salata, scolateli al dente e terminate la cottura in padella, aggiungendoli al tofu e alle zucchine e ricoprendoli con la crema a base di panna di soia. Servite decorando con una manciata di prezzemolo tritato.

PREPARAZIONE: *10 min.*
COTTURA: *15 min.*
PER *4 persone*

INGREDIENTI:
320 g di spaghetti integrali,
200 ml di panna di soia,
3 cucchiai di farina di mais fioretto (o farina di ceci),
1 panetto di tofu affumicato,
1 zucchina grande,
1 cucchiaino di curcuma,
1 spicchio di aglio,
olio extravergine di oliva,
prezzemolo,
sale e pepe

Se la crema alla panna risulta troppo liquida, mettetela all'interno di una pentola antiaderente e portate a bollore: più cuocerà e più tenderà ad asciugarsi.

GNOCCHI ALLA ROMANA SENZA UOVA ALLE ERBETTE

PREPARAZIONE: *30 min.*
COTTURA: *30 min.*
PER *6 persone*

PER GLI GNOCCHI:
500 ml di acqua,
500 ml di latte di soia non dolcificato,
250 g di semolino,
200 g di erbette,
20 g di burro di soia,
1 cucchiaio di lievito alimentare,
noce moscata,
olio extravergine di oliva,
sale e pepe

PER IL CONDIMENTO:
50 g di burro di soia,
3 cucchiai di olio extravergine di oliva,
8-9 foglie di salvia,
1 cucchiaio di pangrattato,
1 cucchiaio di farina di mandorle,
1/2 cucchiaio di lievito alimentare

STRUMENTI:
minipimer,
teglia da 40 x 22 cm,
coppapasta del diametro di 5-6 cm

La gratinatura a base di farina di mandorle e pangrattato crea una deliziosa crosticina che si sposa benissimo con la morbidezza degli gnocchi.

Lavate e pulite le erbette, poi saltatele qualche minuto in padella con olio e sale, giusto il tempo di farle appassire e insaporire, quindi frullatele con il minipimer fino a ottenere una crema.
In una pentola capiente portate a bollore l'acqua con il latte di soia. Unite il burro di soia, le erbette frullate, il lievito alimentare, sale, pepe e noce moscata. Versate infine a pioggia il semolino, mescolando continuamente con una frusta. Cuocete il composto per 2-3 minuti, finché non si sarà rappreso, e trasferitelo subito ancora caldo nella teglia, formando uno strato unico ben uniforme. Lasciate raffreddare, poi con il coppapasta formate dei dischi.

Ungete il fondo di una teglia con un goccio di olio e disponete gli gnocchi leggermente sovrapposti tra loro formando tre file. Fondete in un pentolino il burro di soia con l'olio e la salvia, e lasciate soffriggere leggermente il tutto per un paio di minuti. Preparate la panatura mescolando in una ciotola il pangrattato, la farina di mandorle e il lievito alimentare con mezzo cucchiaio di olio. Condite gli gnocchi con metà del burro fuso e le foglie di salvia, distribuite sulla superficie la panatura e versate anche il restante burro fuso. Infornate in forno statico a 200 °C per 20 minuti.

Conservateli per 2-3 giorni in frigorifero in un contenitore per alimenti fornito di coperchio.

GNOCCHI DI CECI

Per fare il pieno di proteine vegetali i legumi sono l'alimento che non deve mai mancare in dispensa. Scegliete quelli che preferite e alternate le preparazioni. I ceci, in modo particolare, sono particolarmente versatili, ideali per burger, polpette e primi piatti sfiziosi, come in questo caso.

Ponete i ceci in una terrina e, con l'aiuto di un frullatore a immersione o di un mixer, frullateli riducendoli a una crema omogenea. Unite quindi alla crema la farina e mescolate per bene il composto, aggiungendo anche un pizzico di sale.

Una volta raggiunta la consistenza necessaria, disponete piccoli pezzi di impasto su una spianatoia da cucina, possibilmente in legno, cosparsa con un po' di farina. Realizzate con le mani dei cilindri e tagliateli trasversalmente ogni 2 o 3 centimetri circa. Mettete gli gnocchetti così ottenuti su un vassoio infarinato e poneteli in frigorifero per fare in modo che si mantengano ben sodi.

Quando avrete finito, portate a ebollizione abbondante acqua salata e versate gli gnocchi. Non necessitano di una lunga cottura: quando verranno a galla saranno pronti. Abbiate cura di scolare gli gnocchetti con una schiumarola, perché l'impasto è comunque molto più delicato rispetto a quello dei classici gnocchi di patate. Potete condirli con un sugo di pomodoro leggero.

Potete congelare questi gnocchi, avendo cura di tenerli ben separati. Cuoceteli poi buttandoli in acqua salata ancora congelati.

PREPARAZIONE: *30 min.*
COTTURA: *4 min.*
PER *600 g di gnocchi*

PER GLI GNOCCHI:
450 g di ceci lessati,
50 g di farina integrale,
sale

STRUMENTI:
mixer o frullatore
a immersione,
spianatoia in legno,
schiumarola

Potete spolverizzare gli gnocchetti al pomodoro con del prezzemolo tritato, ma anche aggiungere direttamente il prezzemolo all'impasto per un tocco di sapore e di colore in più.

LASAGNE DI PANE CARASAU CON SPINACI E CARCIOFI

PREPARAZIONE: *20 min.*
COTTURA: *40 min.*
PER *8 persone*

INGREDIENTI:
10 fogli di pane carasau,
500 g di spinaci puliti,
450 g di cuori di carciofo,
2 spicchi di aglio,
2 cucchiai di prezzemolo tritato,
il succo di 1/2 limone,
2 cucchiai di pinoli,
olio extravergine di oliva
sale e pepe,

PER LA BESCIAMELLA:
500 ml di latte di soia,
40 g di olio extravergine di oliva,
40 g di farina 0,
2 cucchiai di lievito alimentare, sale e pepe

STRUMENTI:
frullatore a immersione,
pirofila da 20 x 30 cm

Aggiungete cubetti di seitan affumicato tra gli strati di pane carasau.

Morbide e gustose, arricchiranno la vostra tavola con un tocco di originalità.

In una padella soffriggete uno spicchio di aglio con un fondo di olio e fatevi saltare gli spinaci (aggiungendoli se necessario in più riprese) finché non saranno appassiti. Rimuovete quindi l'aglio, condite con sale e pepe e tenete da parte.

Nella stessa padella fate soffriggere il secondo spicchio d'aglio, sempre con un fondo d'olio, e aggiungete i carciofi tagliati a spicchi. Fate cuocere a fiamma media per circa 10 minuti; una volta cotti conditeli con sale, pepe, prezzemolo e succo di limone.

In un pentolino dai bordi alti versate la farina 0 e l'olio, mescolate bene e mettete sul fuoco, lasciando cuocere il roux per almeno un paio di minuti. Aggiungete poi a filo il latte di soia caldo, continuando a mescolare in modo da evitare la formazione di grumi. Portate a bollore la vostra besciamella, poi spegnete la fiamma, condite con il lievito alimentare, sale e pepe e aggiungete 2/3 degli spinaci. Frullate bene il tutto fino a ottenere una crema.

Coprite il fondo della pirofila con 1-2 cucchiai di besciamella, disponete 2 strati di pane di carasau e coprite con crema di spinaci, besciamella e carciofi; proseguite ripetendo gli strati, ricordandovi di inserire anche uno strato di spinaci interi nel mezzo della vostra lasagna. Terminate l'ultimo strato con 2 fogli di pane carasau, besciamella, spinaci, carciofi, pinoli e un pizzico di lievito alimentare.

Infornate in forno statico a 180 °C per una ventina di minuti e servite le lasagne tiepide.

ORECCHIETTE CON CREMA DI OLIVE E MANDORLE

PREPARAZIONE: *5 min.*
COTTURA: *4 min.*
PER *4 persone*

INGREDIENTI:
500 g di orecchiette fresche,
160 g di olive nere,
70 g di hummus di ceci,
70 g di pomodorini,
50 g di mandorle,
80 g di olive taggiasche,
sale

STRUMENTI:
tritatutto

O!

In alternativa alle mandorle in questa pasta staranno benissimo anche le noci.

Un'idea per un condimento per la pasta superveloce e saporito, che non richiede nessuna cottura.

Come prima cosa versate nel tritatutto le olive nere denocciolate e l'hummus e frullate qualche secondo per ridurre le olive in un composto grossolano. A parte occupatevi delle mandorle, tritandole con un coltello, e tagliate a dadini i pomodorini.

Lessate le orecchiette in abbondante acqua salata e scolatele dopo qualche minuto, quando saranno ben cotte, conservando un paio di mestoli di acqua di cottura. Versate la pasta in una ciotola e condite le orecchiette con la crema preparata in precedenza, le mandorle e le olive, mescolando bene e aggiungendo qualche cucchiaio d'acqua fino a ottenere una crema morbida. Servite subito e completate ogni porzione con i pomodorini.

Potete conservare questa pasta per 2-3 giorni in frigorifero, in un contenitore per alimenti. La crema può essere congelata senza problemi.

RAGÙ DI LENTICCHIE

Un'alternativa buonissima e tutta vegetale al classico ragù. Perfetto per chi muove i primi passi verso un'alimentazione vegan.

Mettete in ammollo le lenticchie per una notte. In una pentola capiente soffriggete i due spicchi di aglio interi in abbondante olio. Nel frattempo tritate finemente la cipolla, la carota e il sedano. Quando l'aglio sarà dorato aggiungete anche le verdure e un pizzico di sale. Cucinate per qualche minuto a fiamma moderata, mescolando spesso per evitare che il soffritto si attacchi al fondo della pentola.

Scolate le lenticchie dall'acqua di ammollo e sciacquatele bene. Aggiungetele al soffritto e fatele saltare qualche minuto per insaporirle. A questo punto rimuovete i due spicchi di aglio. Versate la passata di pomodoro, unite le foglie di alloro e coprite il tutto con due mestoli di brodo caldo. Salate e pepate e lasciate cuocere il ragù per 30-40 minuti, a fiamma bassa e con un coperchio, fino a quando le lenticchie saranno cotte ma non sfatte. Tenete controllato il ragù durante la cottura e, se dovesse asciugarsi troppo, aggiungete poco brodo bollente. Il risultato finale dovrà essere un ragù abbastanza denso, per cui se necessario togliete il coperchio negli ultimi minuti di cottura per farlo asciugare. A questo punto il ragù di lenticchie è pronto per essere utilizzato in qualsiasi vostra preparazione.

È possibile conservare questo ragù in frigorifero, in un contenitore ben chiuso, per 2-3 giorni, oppure potete congelarlo fino a 6 mesi.

PREPARAZIONE: *10 min.*
COTTURA: *40 min.*
PER *6 persone*

INGREDIENTI:
250 g di lenticchie piccole,
600 ml di passata di pomodoro,
1 carota,
1 costa di sedano,
1/2 cipolla,
2 spicchi di aglio,
4 foglie di alloro,
brodo vegetale,
olio extravergine di oliva,
sale e pepe

O!

Le lenticchie migliori per questa ricetta sono quelle di Castelluccio, piccole e marroni.

SPAGHETTI DI GRANO SARACENO CON COSTE E POMODORI SECCHI

PREPARAZIONE: *20 min.*
COTTURA: *30 min.*
PER *4 persone*

INGREDIENTI:
350 g di spaghetti di grano saraceno,
1 mazzo di coste (circa 500 g),
3-4 pomodori secchi,
2 cucchiai di capperi,
1 spicchio di aglio,
1 cucchiaino di origano,
1 cucchiaino di timo,
4 cucchiai di pangrattato integrale,
olio extravergine di oliva,
sale

O!

Per una versione senza glutine usate gli spaghetti realizzati con sola farina di grano saraceno ed eliminate le briciole di pangrattato.

Se avete voglia di una bella spaghettata, facile ma con un tocco di originalità e gusto, questo piatto fa al caso vostro.

Lavate e pulite le coste, assottigliate i gambi tagliandoli in 3 per il lungo e dividete gambi e foglie in pezzi di 5-6 centimetri. Sbollentate le coste in acqua bollente leggermente salata: prima i gambi per 5 minuti, poi anche le foglie. Proseguite la cottura per altri 5 minuti. Scolate le verdure e tenetele da parte.

In una padella grande scaldate un po' d'olio con lo spicchio d'aglio sbucciato, il timo e l'origano, tenendo la fiamma bassa in modo che le erbe aromatiche conferiscano bene il loro profumo all'olio. Sciacquate i capperi, tritateli grossolanamente insieme ai pomodori secchi e uniteli in padella con 2-3 cucchiai di olio di conservazione dei pomodori secchi. Lasciate soffriggere il tutto per qualche minuto, poi versate in padella anche le coste e saltatele 7-8 minuti per farle insaporire. Regolate di sale.

Mescolate il pangrattato con due cucchiai di olio e tostatelo in un padellino finché non diventerà bello dorato. Nel frattempo lessate in abbondante acqua salata gli spaghetti, lasciandoli al dente. Scolateli e aggiungeteli al condimento insieme a mezzo mestolo della loro acqua di cottura. Saltate il tutto per il tempo necessario per far asciugare l'acqua, facendo però attenzione a lasciare un bel sughetto. Impiattate gli spaghetti ben caldi e servite ogni porzione con abbondante pangrattato tostato.

Conservate la pasta avanzata in frigorifero in un contenitore per alimenti per un paio di giorni.

TAGLIOLINI CREMOSI AL LIMONE CON BASILICO E ZAFFERANO

Un primo piatto delicato e cremoso, reso intrigante dalla presenza dello zafferano e del basilico, che gli dona un tocco di freschezza.

Portate a bollore abbondante acqua salata. Tuffatevi i tagliolini e cuoceteli a dente. Nel frattempo scaldate la panna di riso in un'ampia padella con lo zafferano e un pizzico di sale. Lavate, asciugate e tagliate a striscioline sottili il basilico. Lavate e grattugiate la scorza dei due limoni, e ricavate il succo di uno dei limoni.

Scolate la pasta tenendo da parte una tazza dell'acqua di cottura. Saltate i tagliolini nella panna allo zafferano, aggiungendo anche scorza e succo di limone, il basilico e un po' di acqua di cottura per ottenere un condimento morbido. Servite subito, finché sono caldi.

Potete conservare questi tagliolini per un paio di giorni in frigorifero. Al momento del consumo passateli in padella con un po' di acqua per far tornare cremoso il condimento.

PREPARAZIONE: *5 min.*
COTTURA: *7 min.*
PER *4 persone*

INGREDIENTI:
500 g di tagliolini freschi senza uova,
350 ml di panna di riso,
2 limoni,
1/2 bustina di zafferano,
1 mazzetto di basilico, sale

O!

Se non trovate i tagliolini, questo sugo sarà una meraviglia anche con delle tagliatelle o pappardelle.

SECONDI PIATTI

CURRY DI CECI E SPINACINI

Un curry cremoso, saporito, deliziosamente speziato e dal sapore avvolgente: un perfetto esempio di comfort food. Il latte di cocco, insieme alle spezie, forma una cremina gustosa che avvolge alla perfezione i ceci e gli spinaci.

Con l'aiuto di un mortaio riducete in polvere i chiodi di garofano. In una pentola versate un po' di olio extravergine d'oliva, unite lo spicchio d'aglio intero, il curry, la paprica e i chiodi di garofano e fate scaldare l'olio a fiamma bassa, soffriggendo poi l'aglio finché non sarà diventato dorato. Tritate le cipolle e unitele al soffritto insieme al concentrato di pomodoro e a una presa di sale. Fate cuocere il tutto per 10 minuti, finché la cipolla non si sarà ammorbidita.

Aggiungete al soffritto i ceci e fate cuocere per altri 10 minuti. Versate poi gli spinacini, mescolando finché non saranno appassiti, e infine il latte di cocco e lo zafferano sciolto in una tazzina di acqua. Amalgamate bene il tutto, lasciate scaldare e insaporire per un altro paio di minuti, aggiungendo un po' di acqua calda se il curry risultasse troppo asciutto e non abbastanza cremoso, e servite.

Questo curry di ceci si conserva per 2-3 giorni in frigorifero, in un contenitore per alimenti. Al momento del consumo, scaldatelo in pentola o al microonde, aggiungendo se necessario un goccio di acqua se la cremina dovesse essere troppo densa.

PREPARAZIONE: *5 min.*
COTTURA: *25 min.*
PER *4 persone*

INGREDIENTI:
600 g di ceci lessati,
400 g di spinacini,
2 cipolle,
1 spicchio di aglio,
200 ml di latte di cocco in brick,
1/2 cucchiaio di curry,
6 chiodi di garofano,
1 bustina di zafferano,
1 cucchiaio di paprica,
2 cucchiaini di concentrato di pomodoro,
olio extravergine di oliva,
sale

La base di questo curry può essere il punto di partenza per creare altre varianti. Provate a cambiare i legumi o la verdura usata, oppure aggiungete insieme ai ceci dei cubetti di patata dolce.

FALAFEL DI CAROTE SPEZIATI

PREPARAZIONE: *10 min.*
COTTURA: *30 min.*
PER *4 persone*

INGREDIENTI:
400 g di carote,
100 g di farina di ceci,
1 cipolla,
1 mazzetto di prezzemolo,
2 cucchiai di olio extravergine di oliva,
1 cucchiaio di curry,
1/2 cucchiaino di zenzero in polvere,
peperoncino,
aglio in polvere,
1 pizzico di bicarbonato di sodio,
sale e pepe

STRUMENTI:
tritatutto o robot da cucina

Con lo stesso impasto potete realizzare dei miniburger e cuocerli in padella una decina di minuti per lato.

I falafel sono delle morbide polpette insaporite con curry, zenzero e peperoncino cotte in forno fino a doratura.

Pulite e sbucciate la cipolla e le carote, poi tagliatele a pezzi. Riunite nel tritatutto o nel robot da cucina le carote, la cipolla e il prezzemolo e tritate il tutto molto grossolanamente. Travasate il composto in una ciotola e conditelo con olio, sale, pepe, curry, zenzero, peperoncino, aglio e bicarbonato. Mescolate bene il tutto, poi incorporate anche la farina di ceci e impastate fino a ottenere un composto morbido.

Ricavate dall'impasto 16 falafel grandi all'incirca quanto una noce, date a ciascuno una forma tonda e disponeteli su una teglia foderata di carta da forno. Infornate in forno statico a 180 °C per 15 minuti, poi sfornate, spennellate ciascuna polpetta con un po' di olio e infornate nuovamente per altri 15 minuti. Servite i falafel di carote caldi o tiepidi.

Potete conservare questi falafel di carote per 2-3 giorni in frigorifero, in un contenitore per alimenti fornito di coperchio. Al momento del consumo scaldateli per qualche minuto in padella o in forno.

TEMPEH ALLE MANDORLE CON RISO

Una rivisitazione cruelty-free del pollo alle mandorle tipico dei ristoranti cinesi. Saltato in una salsa a base di soia e zenzero, il tempeh diventa un secondo piatto ricco di gusto e di carattere. Velocissimo da preparare!

Tagliate il tempeh a dadini di 1,5 cm di lato e marinatelo in una ciotola con la salsa di soia, l'aceto di riso e 4 cucchiai di acqua per mezz'ora, mescolandolo di tanto in tanto.
Nel frattempo in una padella versate qualche cucchiaio di olio di sesamo, aggiungete l'aglio e lo zenzero grattugiato e lasciate soffriggere leggermente. Pulite e affettate sottilmente il porro, quindi fatelo soffriggere insieme all'aglio e allo zenzero, aggiungendo anche un pizzico di sale. Dopo 15 minuti togliete il porro dalla padella e tenetelo da parte.

Scolate il tempeh dalla marinata e passatelo nell'amido di mais. Saltatelo nella padella dove avete cotto i porri (se necessario aggiungete un goccio d'olio) fino a farlo dorare. Aggiungete poi nuovamente i porri e la marinata del tempeh e fate saltare qualche minuto per insaporire. In un padellino a parte tostate le mandorle. Sciogliete un cucchiaino colmo di amido di mais in una tazzina di acqua e unitelo al tempeh. Lasciate cuocere fino a che la salsa non si sarà addensata. Unite infine anche le mandorle, lasciate sul fuoco per altri 2 minuti a insaporire e poi servite il tempeh ben caldo, accompagnato dal riso condito con un filo d'olio.

Questo tempeh si può conservare in frigorifero, ben chiuso in un contenitore con coperchio, per 1-2 giorni.

PREPARAZIONE: *10 min.*
COTTURA: *25 min.*
PER *6 persone*

INGREDIENTI:
400 g di tempeh,
300 g di riso bianco o integrale già cotto,
120 g di mandorle,
1 porro,
2 cucchiai di aceto di riso,
6 cucchiai di salsa di soia,
1 cucchiaino di zenzero fresco grattugiato,
2 spicchi di aglio,
olio di sesamo,
amido di mais,
sale

O!

Se non amate il tempeh potete tranquillamente sostituirlo con del tofu tagliato a cubetti.

POLPETTE DI PANE AL SUGO

PREPARAZIONE: *20 min.*
COTTURA: *35 min.*
PER *4 persone*

INGREDIENTI:
700 g di passata di pomodoro,
200 g di mollica di pane raffermo,
100 g di latte vegetale non zuccherato,
30 g di prezzemolo,
20 g di lievito alimentare,
1 spicchio di aglio,
olio extravergine di oliva,
sale

STRUMENTI:
robot da cucina

O!

Vi suggeriamo di inserire nell'impasto anche semi di sesamo tostati o tahin.

Queste polpette sono una ricetta per un secondo semplice e molto veloce da preparare per non sprecare niente anche in cucina.

Il primo passo è tenere la mollica del pane in ammollo nel latte per il tempo necessario perché si ammorbidisca per bene. Strizzatela e lavoratela in un robot da cucina con gli altri ingredienti: il lievito alimentare, il prezzemolo, l'aglio e il sale. Se l'impasto ottenuto fosse troppo morbido, vi consigliamo di aggiungere un po' di pangrattato.

Con le mani umide formate dei bocconcini della grandezza di una piccola albicocca e fateli dorare in una padella antiaderente con un filo di olio extravergine di oliva. Appena avranno preso colore aggiungete la passata di pomodoro e continuate a cuocere per circa 30 minuti, correggendo di sale (se la passata è troppo acida aggiungete la punta di un cucchiaino di zucchero). Servite a piacere con basilico fresco come decorazione.

Queste polpette si conservano per un paio di giorni in frigorifero, ma si possono surgelare per essere consumate più in là nel tempo. Per scongelarle potete utilizzare il forno a microonde oppure potete spadellarle a fiamma moderata con un filo di olio.

POLPETTE DI PATATE E ZUCCA ALLA NOCE MOSCATA

PREPARAZIONE: *15 min.*
COTTURA: *65 min.*
PER *6 persone*

INGREDIENTI:
500 g di patate,
300 g di zucca già pulita,
1 scalogno,
1 cucchiaio di rosmarino,
1/2 cucchiaino di noce moscata,
1/2 cucchiaino di paprica,
5 cucchiai di pangrattato,
2 cucchiai di farina di mandorle,
1 cucchiaio di lievito alimentare,
olio extravergine di oliva,
sale e pepe

O!

Queste polpette saranno deliziose servite con una maionese semplice o aromatizzata con un po' di paprica.

Queste polpette sono rese estremamente aromatiche dalla noce moscata, che esalta in modo fantastico il dolce della zucca e il sapore delicato delle patate.

Lavate le patate, riponetele in una pentola, copritele con acqua fredda, portate a ebollizione e cuocetele finché non saranno cotte e morbide all'interno (serviranno all'incirca 30 minuti). Affettate finemente lo scalogno e fatelo soffriggere in una pentola con olio, paprica e rosmarino tritato. Tagliate la zucca a dadini e unitela allo scalogno una volta che si sarà ammorbidito. Salate, pepate e fate cuocere per una decina di minuti, fino a quando la zucca sarà morbida.

Riunite le patate sbucciate e la zucca in una ciotola e con l'aiuto di uno schiacciapatate riducete il tutto in una purea, in cui si intravedano ancora dei pezzettini di verdura. Unite 4 cucchiai di pangrattato, la farina di mandorle, il lievito alimentare, la noce moscata e sale. Impastate bene il tutto in modo da incorporare bene tutti gli ingredienti.

Mettete in una ciotolina il restante pangrattato e conditelo con un giro d'olio. Prelevate una cucchiaiata di impasto e date la forma di una polpetta schiacciata. Passatela nel pangrattato, ricoprendo bene tutti i lati, poi disponetela su una teglia foderata di carta da forno. Procedete in questo modo fino a esaurire l'impasto. Infornate le polpette in forno statico a 190 °C per 25 minuti.

Potete conservare queste polpette per un paio di giorni in frigorifero in un contenitore per alimenti.

POLPETTONE IN CROSTA CON LEGUMI E VERDURE

Una ricetta speciale per le cene con gli amici o per le feste: legumi e verdure racchiusi in un guscio croccante e delizioso.

Tagliate gli scalogni e saltateli in una padella antiaderente con un filo di olio extravergine di oliva. Mondate i funghi eliminando la terra sui gambi e lavando velocemente il resto sotto l'acqua corrente. Mettete da parte il gambo e tagliate la testa in quattro parti. Unite i funghi tagliati allo scalogno e cuocete insieme per circa 10 minuti. Salate leggermente.

A parte appassite gli spinaci in una padella antiaderente con un filo di olio extravergine di oliva, l'aglio e un pizzico di sale; in un altro pentolino lessate le carote finché non saranno morbide (ma non troppo). In un frullatore tritate i ceci con i gambi dei funghi precedentemente puliti, aggiungendo anche il timo, la salvia e il pepe. Correggete di sale. In una ciotola capiente spezzettate la mollica del pane e versate il vino in modo che si bagni leggermente. Unite poi l'impasto di ceci e amalgamate il tutto.

Su un piano stendete la sfoglia e al centro riponete l'impasto di ceci, gli spinaci spadellati, i funghi e, ben distanziate, adagiate le carote intere. Chiudete avvolgendo la sfoglia su se stessa come una girella, poi sigillate le estremità ripiegando verso l'interno i bordi.

Adagiate su una leccarda ricoperta di carta da forno e infornate a 180 °C per circa 30 minuti o sino a quando la sfoglia non avrà un bel colore dorato. Al termine lasciate intiepidire, poi servite a fette, accompagnando con patate e cipolline cotte al forno.

PREPARAZIONE: *15 min.*
COTTURA: *5 min.*
PER *2 persone*

INGREDIENTI:
1 rotolo di pasta sfoglia,
500 g di spinaci,
460 g di ceci lessati,
500 g di funghi champignon,
2 scalogni,
3 carote,
1 spicchio di aglio,
timo, salvia,
mollica di pane,
1/2 bicchiere di vino bianco,
olio extravergine di oliva,
sale e pepe

PER IL CONTORNO:
cipolline e patate al forno

STRUMENTI:
mixer

O!

Cuocete le cipolline a 180 °C per 30-40 minuti, condendole prima della cottura con olio extravergine di oliva e salsa di soia.

SEITAN ALLE MELE E ROSMARINO

PREPARAZIONE: *10 min.*
COTTURA: *10 min.*
PER *6 persone*

INGREDIENTI:
500 g di seitan,
1 mela,
2 cipolle rosse,
6 rametti di rosmarino,
sale alle erbe,
olio extravergine di oliva,
sale

O!

Per un tocco ancora più dolce sostituite le mele con degli acini d'uva.

Un modo veloce e gustoso di preparare il seitan: con pochi semplici ingredienti una cena gustosa e un po' diversa dal solito è servita.

Cominciate con il tritare le cipolle e tagliare il seitan a bastoncini, poi a parte tritate finemente il rosmarino al coltello e tagliate la mela a cubetti abbastanza piccoli. Soffriggete le cipolle in un'ampia padella con un goccio di olio, il rosmarino e un pizzico di sale e, quando si saranno ammorbidite, aggiungete il seitan, i cubetti di mela e il sale alle erbe.

Fate saltare il tutto qualche minuto per far insaporire, poi coprite con un coperchio e lasciate cuocere per 5-10 minuti, fino a quando le mele non si saranno ammorbidite. Spegnete la fiamma e servite subito il seitan ben caldo.

Potete conservare il seitan alle mele in frigorifero per un paio di giorni, in un contenitore per alimenti.

SPEZZATINO DI CAVOLFIORI CON CECI E OLIVE NERE

Un secondo piatto leggero ma ricco di gusto con un bel sughetto di passata di pomodoro che rende il tutto ancora più succulento.

Sciacquate e tritate finemente il rosmarino con un coltello. Versate in una pentola ampia un po' d'olio, aggiungete il rosmarino tritato, i semi di finocchietto e la paprica e lasciate scaldare il tutto a fiamma bassa. Tritate la cipolla e unitela all'olio caldo insieme a un pizzico di sale. Mentre la cipolla soffrigge, lavate e dividete a cimette il cavolfiore. Aggiungetele in pentola e fatele saltare per un paio di minuti per farle insaporire. Versate a questo punto anche le olive nere, i ceci lessati e la passata di pomodoro, e condite con una bella presa di sale e una spolverizzata di pepe.

Fate cuocere lo spezzatino con un coperchio per circa 30 minuti, o fino a che il cavolfiore non avrà raggiunto il grado di cottura desiderato. Se fosse necessario allungate il tutto con qualche cucchiaio di acqua calda, tenendo a mente che il sugo alla fine dovrà restare abbastanza denso. Servite lo spezzatino di cavolfiori ben caldo, accompagnato magari da una fetta di pane abbrustolito.

Questo spezzatino si conserva in frigorifero in un contenitore per alimenti fornito di coperchio per 2-3 giorni. Al momento del consumo potete scaldarlo al microonde oppure ripassarlo in padella con un goccio di acqua, nel caso in cui il sughetto si fosse asciugato troppo. Vi sconsigliamo di congelarlo, perché il cavolfiore perderebbe la sua consistenza diventando troppo molle.

PREPARAZIONE: *10 min.*
COTTURA: *35 min.*
PER *6 persone*

INGREDIENTI:
1 cavolfiore,
500 g di passata di pomodoro,
100 g di olive nere,
130 g di ceci lessati,
1 cipolla,
2-3 rametti di rosmarino,
1 cucchiaio di semi di finocchietto,
1 cucchiaino di paprica,
sale e pepe,
olio extravergine di oliva

Per rendere il piatto più gustoso, preparate in anticipo questo spezzatino e scaldatelo al momento del consumo: lasciarlo riposare aiuterà i sapori a mescolarsi meglio.

DOLCI

BUDINO AL CIOCCOLATO

Un grande classico di sempre, un dolce al cucchiaio dalla consistenza morbida e avvolgente e dall'intenso sapore di cioccolato.

In un pentolino versate la fecola, il cacao, l'agar-agar, la vaniglia e unite solo il latte sufficiente a far sciogliere bene tutte le polveri, mescolando con un cucchiaio di legno o di silicone. Aggiungete poi a filo il resto del latte, facendo attenzione a eliminare eventuali grumi. Unite lo zucchero, il caffè e il cioccolato fondente tritato grossolanamente.

Mettete il pentolino sul fuoco a fiamma media e continuate a mescolare fino a quando la crema si sarà addensata e avrà raggiunto il bollore. A quel punto proseguite la cottura per altri 2 minuti, spegnete la fiamma e versate il composto negli stampini per budino. Lasciate intiepidire i budini a temperatura ambiente per circa un'ora e poi metteteli in frigorifero per almeno un paio d'ore. Sformateli su un piattino e servite.

PREPARAZIONE: *5 min.*
COTTURA: *10 min.*
PER *4 persone*

INGREDIENTI:
500 ml di latte di soia (o altro latte vegetale),
65 g di zucchero grezzo di canna,
50 g di cioccolato fondente,
25 g di cacao,
15 g di fecola,
1 tazzina di caffè (o 1/2 cucchiaino di caffè solubile),
1/2 cucchiaino di agar-agar,
1 pizzico di vaniglia in polvere

STRUMENTI:
stampini per budino

Provate ad aggiungere un pizzico di peperoncino per un tocco speciale.

CROSTATA SENZA ZUCCHERO AI MIRTILLI

PREPARAZIONE: *15 min.*
COTTURA: *30 min.*
PER *8 persone*

INGREDIENTI:
360 g di farina integrale,
60 g di farina di mandorle,
25 g di fecola,
140 g di sciroppo di riso,
120 g di olio di semi di girasole,
40 g di latte di soia (o altro latte vegetale),
1 pizzico di sale,
320 g di confettura ai mirtilli senza zucchero

STRUMENTI:
stampo per crostata del diametro di 28 cm

O!

Provate a sostituire la confettura di mirtilli con una crema al cioccolato, per una crostata davvero golosa.

Una frolla fragrante, dolcificata con sciroppo di riso al posto dello zucchero semolato. Come farcitura abbiamo usato una confettura senza zucchero, ma potete scegliere quella che preferite.

Versate in una ciotola la farina integrale, la farina di mandorle, la fecola e un pizzico di sale. Mescolate bene, poi unite lo sciroppo di riso, l'olio di semi di girasole e il latte di soia e impastate fino a ottenere un panetto abbastanza morbido. Avvolgetelo nella pellicola per alimenti e lasciatelo risposare in frigorifero per mezz'ora.

Prelevate due terzi d'impasto e stendetelo con un matterello tra due fogli di carta da forno fino a ottenere un disco dal diametro sufficiente a foderare il fondo e i bordi della tortiera. Ungete leggermente lo stampo della crostata e poi trasferitevi la frolla con l'aiuto della carta da forno. Eliminate gli eccessi di impasto che fuoriescono dai bordi e forate il fondo della crostata con i rebbi di una forchetta.

Farcite la crostata con la confettura di mirtilli, poi decorate la superficie con la parte di impasto che avevate tenuto da parte. Infornate in forno statico a 180 °C per 30 minuti, fino a quando la frolla sarà leggermente dorata. Sfornatela e lasciatela raffreddare completamente prima di toglierla dallo stampo e tagliarla a fette.

Potete conservare questa crostata sotto una campana di vetro per dolci per 2-3 giorni.

GELATO SENZA GELATIERA CON BANANE E FRAGOLE

La frutta è protagonista in questo dolce cremoso... e il bello è che alle banane potete abbinare la frutta di stagione che preferite!

Iniziate sbucciando le banane e tagliandole a fettine oppure a cubetti, poi passate alle fragole: togliete il picciolo e tagliatele, raccogliete tutto in una ciotola capiente, irrorate con il succo di limone in modo che la frutta non si ossidi e mescolate.

Ora trasferite la ciotola nel freezer e lasciate riposare per circa 4 o 5 ore. Trascorso questo tempo, prendete la frutta, versatela in un frullatore capiente e abbastanza potente. Iniziate a frullare a intervalli e poi in maniera continuativa per 3-5 minuti, fino a ottenere una crema morbida e omogenea.

Se volete dolcificare il gelato, ricordatevi di aggiungere un paio di cucchiai di sciroppo d'agave o malto di riso mentre il frullatore è in azione.

Con l'aiuto di un cucchiaio o usando un porzionatore, mettete il gelato nelle coppette, decorate e servite. Noi l'abbiamo decorato con gocce di cioccolato e mandorle tritate. Se volete una consistenza più solida, rimettetelo in freezer a rassodare per un paio d'ore.

Potete conservare il gelato in un contenitore chiuso, in freezer, per una settimana.

PREPARAZIONE: *10 min. + 4 ore di riposo*
COTTURA: -
PER *4 persone*

INGREDIENTI:
5 banane mature,
200 g di fragole,
il succo di 1/2 limone,
2 cucchiai di succo
di agave o malto di riso

STRUMENTI:
robot da cucina

Potete provare a sostituire le fragole con 3 cucchiai di cacao, per un gelato al cioccolato e banane.

MUFFIN AL COCCO

PREPARAZIONE: *5 min.*
COTTURA: *20 min.*
PER *10 muffin*

INGREDIENTI:
200 g di farina 0,
80 g di zucchero
grezzo di canna,
30 g di cocco rapè,
8 g di lievito naturale
a base di cremortartaro,
210 g di latte di soia,
50 g di olio di cocco,
1 pizzico di vaniglia
in polvere,
1 pizzico di sale

STRUMENTI:
stampi per muffin

Per renderli ancora più golosi aggiungete un cubetto di cioccolato fondente al centro di ogni muffin prima della cottura.

Questi muffin dall'intenso profumo di cocco sono ideali per concedersi una coccola dolce ma non troppo, e soprattutto sono facilissimi da preparare.

In una ciotola versate la farina, lo zucchero, il cocco rapè, il lievito, la vaniglia e il sale e mescolate bene. A parte sciogliete l'olio di cocco al microonde o a bagnomaria, poi unitelo agli ingredienti secchi insieme al latte di soia e amalgamate il tutto solo per il tempo necessario a ottenere un impasto omogeneo.

Foderate gli stampi dei muffin con dei pirottini di carta, poi riempiteli d'impasto fino a tre quarti. Decorate a piacere la superficie con dell'altro cocco rapè e infornate in forno statico a 180 °C per 20-22 minuti, fino a quando i muffin non saranno cotti e leggermente dorati in superficie. Sfornateli e lasciateli raffreddare prima di gustarli.

Potete conservare questi muffin per 2-3 giorni in un contenitore per alimenti o sotto una campana di vetro per dolci.

SALAME DI CIOCCOLATO CON ANACARDI E RUM

PREPARAZIONE: *15 min.*
COTTURA: *5 min.*
PER *8 persone*

INGREDIENTI:
200 g di cioccolato fondente,
120 g di biscotti integrali,
100 g di anacardi al naturale,
60 ml di latte di mandorla o di riso,
50 g di olio di semi di girasole,
2 cucchiai di rum,
1/2 cucchiaino di essenza di vaniglia,
1 pizzico di cannella

Se preferite un salame di cioccolato più morbido nulla vi vieta di conservarlo in frigorifero invece che in freezer.

Un dolce ad alto tasso di golosità! Ogni occasione sarà quella giusta per prepararne uno: veloce e senza cottura!

Tagliate il cioccolato a pezzetti, versatelo in una ciotola abbastanza capiente e fatelo sciogliere a bagnomaria posizionando la ciotola su un pentolino di acqua bollente. Una volta sciolto, lasciatelo intiepidire mentre vi occupate degli altri ingredienti.

Tostate gli anacardi in un padellino ben caldo fino a farli diventare dorati, poi tagliateli grossolanamente con un coltello. Sbriciolate i biscotti con le mani, cercando di ottenere dei pezzetti grandi all'incirca mezzo centimetro, ma non preoccupatevi di essere troppo precisi: l'importante è che le briciole non siano troppo piccole per non perdersi nell'impasto, né troppo grandi, altrimenti il salame tenderà a sfaldarsi. Unite l'olio, il latte, il rum, l'essenza di vaniglia e la cannella al cioccolato fuso intiepidito e mescolate per amalgamare bene il tutto. Aggiungete poi i biscotti e gli anacardi e mescolate ancora un po' per incorporarli.

Lasciate raffreddare il composto in modo che sia più solido e quindi più facile da maneggiare. Preparate un foglio di carta da forno e un foglio di alluminio per alimenti. Disponete al centro del foglio di carta da forno l'impasto e, aiutandovi con i bordi della carta, dategli la forma di un salame del diametro di circa 7-8 cm. Arrotolatelo stringendo ai lati la carta da forno come per chiudere una caramella, poi avvolgete il salame anche nell'alluminio. Riponete il salame di cioccolato in freezer e cercate di resistere qualche ora prima di affettarlo. Prima di servirlo lasciatelo riposare per 10-15 minuti a temperatura ambiente, in modo che si stemperi un pochino.

TORTA AL CIOCCOLATO

Il classico dei classici che non potete non provare, con risultato assicurato.

Per prima cosa, in una ciotola, mescolate il latte e l'olio, uniteli allo yogurt di soia e tenete da parte. In un'altra ciotola capiente setacciate tutti gli ingredienti secchi: la farina semintegrale, l'amido, il lievito, il cacao e, alla fine, lo zucchero.

Mescolate gli ingredienti secchi in modo da amalgamarli per bene e a questo punto aggiungete i liquidi. Amalgamate il tutto sino a ottenere un composto morbido.

Oliate e infarinate la teglia rettangolare e cuocete in forno a 175 °C per circa 30 minuti. Fate raffreddare prima di servire.

PREPARAZIONE: *20 min.*
COTTURA: *30 min.*
PER *6 persone*

INGREDIENTI:
280 ml di latte di soia,
260 g di farina 2 (semintegrale),
100 g di zucchero di canna integrale,
100 g di yogurt di soia,
70 ml di olio di mais,
40 g di amido di mais,
40 g di cacao,
12 g di lievito naturale a base di cremortartaro

STRUMENTI:
teglia rettangolare da 23 x 30 cm

O!

Doppio cioccolato? Facile: aggiungete delle gocce nell'impasto!

TORTA DI MELE

PREPARAZIONE: *15 min.*
COTTURA: *50 min.*
PER *6-8 persone*

INGREDIENTI:
120 g di farina 0,
120 g di farina integrale,
150 g di zucchero grezzo di canna,
16 g di lievito naturale a base di cremortartaro,
1/2 cucchiaino di cannella,
1 pizzico di sale,
60 ml di olio di semi di girasole,
100 ml di spremuta d'arancia,
140 ml di latte di soia,
2 mele,
1-2 cucchiai di sciroppo d'acero

STRUMENTI:
tortiera del diametro di 22 cm

O!

Se non avete lo sciroppo d'acero, spolverate la superficie della torta con 1-2 cucchiai di zucchero grezzo di canna prima di infornarla.

Questa torta è un esempio di come anche un dolce così profondamente radicato nella tradizione di ogni casa possa riuscire benissimo senza l'utilizzo di uova e latticini.

In una ciotola riunite tutti gli ingredienti secchi: le due farine, lo zucchero, il lievito, la cannella e il sale. In una seconda ciotola riunite gli ingredienti liquidi: l'olio di semi di girasole, il latte di soia e la spremuta d'arancia. Lavate le mele e, senza sbucciarle, dividetele in quarti, eliminate il torsolo e tagliatele a fettine sottili. Unite gli ingredienti liquidi a quelli secchi e mescolate bene. Aggiungete due terzi delle mele all'impasto e amalgamate bene il tutto, cercando di ricoprire ogni fetta con l'impasto. Foderate la tortiera con carta da forno e versate l'impasto della torta.

Disponete a raggiera sulla superficie della torta le fettine di mela avanzate e spennellatele con lo sciroppo d'acero. Infornate a 180 °C in forno statico per 50 minuti, o fino a quando la torta sarà cotta e la superficie dorata. Sfornate e lasciate raffreddare la torta prima di servirla.

Questa torta di mele si conserva coperta con un telo pulito o sotto una campana di vetro per dolci per 3-4 giorni.

TORTA FREDDA ALLO YOGURT

La torta perfetta per l'estate: freschissima, senza cottura, superveloce da realizzare. Variando il gusto dello yogurt otterrete una torta diversa ogni volta.

Versate i biscotti nel tritatutto e tritateli fino a ottenere quasi una farina, poi travasateli in una ciotola. Sciogliete per qualche secondo il burro di soia al microonde e unitelo ai biscotti sbriciolati. Mescolate bene con un cucchiaio, in modo da amalgamare il burro ai biscotti. Rivestite la base della tortiera con carta da forno, versate il composto di biscotti e formate uno strato uniforme pressandolo bene. Mettete in frigorifero per un quarto d'ora a raffreddare.

Versate la panna, fredda di frigorifero, in una ciotola di vetro (se potete, prima mettete la ciotola vuota in frigorifero per mezz'ora) e iniziate a montarla con le fruste elettriche. Quando sarà montata unite lo zucchero a velo e continuate a mescolare per qualche secondo, giusto per incorporare bene lo zucchero. Spegnete le fruste elettriche e unite lo yogurt. Incorporate bene lo yogurt alla panna usando ancora le fruste elettriche per qualche secondo.

Versate la crema allo yogurt sulla base di biscotti ormai fredda, facendo attenzione a non lasciare bolle d'aria. Con una spatola uniformate la superficie e mettete la torta a riposare in frigorifero per qualche ora (o meglio per tutta la notte) prima di tagliarla e servirla.

Conservate questa torta in frigorifero per 2-3 giorni nella teglia, in modo da poterla coprire con pellicola per alimenti senza rovinarne la superficie.

PREPARAZIONE: *10 min.*
COTTURA: -
PER *6 persone*

INGREDIENTI:
180 g di biscotti secchi (tipo frollini o digestive),
70 g di burro di soia (o di margarina),
200 ml di panna di soia da montare,
200 ml di yogurt di soia al cocco (o un altro gusto a piacere),
1 cucchiaio di zucchero a velo

STRUMENTI:
tritatutto,
fruste elettriche,
tortiera con cerniera del diametro di 18 cm

Potete decorare la superficie della torta con frutta fresca o granella di frutta secca.

FUORI CASA

CAESAR SALAD CON CUBETTI DI TEMPEH E CROSTINI DI PANE

Croccanti crostini di pane, dorati bocconcini di tempeh e un saporitissimo condimento a base di ceci e capperi, che avvolge tutti gli ingredienti di questa insalatona.

Tagliate come prima cosa il pane a cubetti e tostatelo in padella con un goccio di olio e, volendo, un pizzico di sale, finché non sarà dorato e croccante. Tagliate anche il tempeh a bocconcini e saltate anch'esso in padella con sale e olio a fiamma media fino a doratura.

Versate nel bicchiere alto del frullatore i ceci, i capperi, la senape, il succo di limone, l'aceto di mele, 100 g di olio e 3 cucchiai d'acqua e frullate fino a ottenere un crema liscia. Spezzettate grossolanamente la lattuga in un'ampia insalatiera, unite il tempeh e i crostini di pane e condite il tutto con il dressing ai ceci, mescolando bene per distribuirlo uniformemente. La vostra insalata è già pronta per essere servita.

Vi consigliamo di assemblare e condire quest'insalata poco prima del consumo, in modo che il condimento non faccia appassire le foglie di insalata. Il condimento può essere conservato per 2-3 giorni in frigorifero in un vasetto di vetro.

PREPARAZIONE: *10 min.*
COTTURA: *5 min.*
PER *4 persone*

INGREDIENTI:
350 g di lattuga pulita,
300 g di tempeh,
200 g di pane,
100 g di ceci lessati,
olio extravergine di oliva,
1 cucchiaio di capperi,
2 cucchiai di succo di limone,
2 cucchiaini di senape,
1 cucchiaio di aceto di mele,
sale

STRUMENTI:
frullatore a immersione

Per un dressing ancora più saporito aggiungete anche un pizzico di aglio in polvere.

COOKIES CON GOCCE DI CIOCCOLATO

PREPARAZIONE: *10 min.*
COTTURA: *15 min.*
PER *15 biscotti*

INGREDIENTI:
230 g di farina 2 (semintegrale),
120 g di zucchero di canna integrale,
8 g di lievito naturale a base di cremortartaro,
1 pizzico di sale,
1 pizzico di vaniglia in polvere,
90 ml di olio di semi di girasole,
45 ml di latte di soia (o altro latte vegetale),
60 g di gocce di cioccolato fondente

Un'ottima variante di questi cookies prevede la sostituzione di una parte delle gocce di cioccolato con granella di nocciole.

Sono i classici biscotti americani croccanti all'esterno e morbidi all'interno, ricchi di gocce di cioccolato. Una ricetta talmente facile e veloce da realizzare che siamo sicuri diventerà uno dei vostri cavalli di battaglia.

In una ciotola versate la farina 2, lo zucchero, il lievito, il sale e la vaniglia e mescolate. Unite l'olio di semi e il latte di soia e impastate il tutto. In ultimo unite anche le gocce di cioccolato fondente e continuate a impastare fino a ottenere un panetto e ad aver incorporato tutto il cioccolato.

Prelevate una porzione d'impasto poco più grande di una noce e datele la forma di un biscotto. Disponete i cookies leggermente distanziati su una placca da forno foderata di carta da forno e cuocete in forno statico a 180 °C per 15 minuti. Sfornate e lasciate raffreddare i biscotti sulla placca del forno. Serviteli quando si saranno completamente raffreddati.

Questi cookies si conservano per una settimana in una scatola di latta, ma si prestano anche a essere congelati se volete farne una scorta.

FRITTATA DI CECI CON PANE E PESTO DI BASILICO

Un secondo piatto veloce da preparare, sostanzioso e sfizioso al tempo stesso (oltre a essere un'ottima idea per riciclare del pane secco avanzato).

PREPARAZIONE: *10 min.*
COTTURA: *20 min.*
PER *6 persone*

INGREDIENTI:
180 g di farina di ceci,
120 g di pane raffermo,
380 g di latte di soia non dolcificato,
1 cucchiaio di lievito alimentare,
20 g di basilico fresco,
25 g di noci,
1 spicchio di aglio,
60 g di olio extravergine di oliva,
sale e pepe

STRUMENTI:
tritatutto

Potete cuocere questa frittata anche al forno, a 180 °C per 15-20 minuti.

Riunite nel tritatutto il basilico, le noci, l'aglio, l'olio extravergine d'oliva e condite con sale e pepe. Azionate il tritatutto e frullate fino a ottenere un pesto morbido. Tagliate a cubetti il pane raffermo, bagnatelo con qualche cucchiaio di acqua per farlo ammorbidire, poi conditelo con il pesto.

In una ciotola versate la farina di ceci, una presa di sale e un pizzico di pepe e aggiungete il latte di soia, mescolando con una frusta fino a ottenere una pastella liscia e senza grumi. Unite il pane condito con il pesto e il lievito alimentare e mescolate. Per una frittata più ricca e morbida condite anche con un giro di olio extravergine d'oliva.

Scaldate una padella del diametro di circa 25 cm con un po' di olio e, quando sarà ben caldo, versate l'impasto della frittata. Cuocete per 15 minuti a fiamma medio bassa, poi, aiutandovi con un coperchio, girate la frittata e cuocete l'altro lato per altri 5-10 minuti, finché la base non sarà dorata. Servitela calda o tiepida.

Potete conservare questa frittata di ceci per un paio di giorni in frigorifero su un piatto avvolto da pellicola per alimenti o in un contenitore per alimenti fornito di coperchio. Al momento del consumo scaldatela in padella con un filo d'olio, con il coperchio.

GRANO SARACENO PICCANTE CON PUNTARELLE E OLIVE

PREPARAZIONE: *10 min.*
COTTURA: *30 min.*
PER *4 persone*

INGREDIENTI:
360 g di grano saraceno,
760 ml di acqua,
260 g di puntarelle
già pulite,
4 cucchiai di olive
taggiasche,
2 cucchiai di semi
di girasole o di zucca,
succo di limone,
1 cucchiaino di sale grosso,
peperoncino,
olio extravergine di oliva,
sale

O!

Questo condimento è perfetto anche con altri cereali: provatelo con l'orzo.

Un primo piatto che sfrutta il sapore deciso del grano saraceno, combinato con una nota leggermente amarognola e un po' piccantina.

Versate il grano saraceno in un colino a maglie fitte e sciacquatelo bene sotto l'acqua corrente. Riponetelo in una pentola capiente e copritelo con l'acqua. Portate a bollore, aggiungete il sale grosso, coprite con un coperchio e abbassate la fiamma al minimo. Lasciate cuocere per 20 minuti, fino al completo assorbimento dell'acqua. Spegnete la fiamma e, se avete tempo, lasciate riposare il grano saraceno per 10 minuti.

Nel frattempo lavate e tagliate a bastoncini le puntarelle. Soffriggete le olive e una spolverata di peperoncino in un po' d'olio. Unite le puntarelle e cuocetele per 10 minuti, insieme ai semi di girasole o di zucca e a un pizzico di sale, finché non saranno cotte ma ancora croccanti. Quando il condimento è pronto versatevi il grano saraceno, precedentemente sgranato con un cucchiaio di legno, e saltate il tutto per un paio di minuti per far insaporire. Servite e completate ogni piatto con una spruzzata di succo di limone e, volendo, con un goccio d'olio a crudo. Consumate caldo o tiepido.

Questo piatto può essere conservato per 2-3 giorni in frigorifero, ben chiuso in un contenitore per alimenti. Al momento del consumo potete scaldarlo al microonde oppure saltarlo in una padella con un filo d'olio o acqua.

MUFFIN AL DOPPIO CIOCCOLATO

PREPARAZIONE: *10 min.*
COTTURA: *25 min.*
PER *12 muffin*

INGREDIENTI:
150 g di farina 0,
150 g di farina di farro integrale,
1 pizzico di sale,
16 g di lievito naturale a base di cremortartaro,
150 g di sciroppo d'agave,
120 g di olio di girasole,
160 g di latte di soia,
100 g di cioccolato fondente,
50 g di gocce di cioccolato fondente

STRUMENTI:
stampo per muffin

O!

Per un dolcetto ancora più goloso e ricco potete aggiungere della farina di cocco nell'impasto o come decorazione.

Un dolce da portare in borsa che si presta a essere aromatizzato in mille modi, secondo il proprio gusto personale: un trionfo cioccolatoso di gusto e bontà.

Setacciate in una ciotola capiente le farine e il lievito, poi aggiungete il sale e mescolate. In un'altra ciotola mescolate i liquidi: lo sciroppo d'agave, l'olio di girasole e il latte di soia. Unite gli ingredienti liquidi a quelli secchi e amalgamate bene fino a ottenere un impasto morbido e omogeneo, senza grumi.

A parte, mettete in una ciotola il cioccolato fondente e fatelo sciogliere a bagnomaria dentro una casseruola con l'acqua a fiamma media. Una volta sciolto, unitelo al vostro impasto e mescolate per amalgamare bene il tutto.

Versate l'impasto ottenuto negli stampini da muffin e, prima di infornare, cospargete i muffin con le gocce di cioccolato fondente. A questo punto cuocete in forno statico a 180 °C per 25-30 minuti.

Questi muffin si conservano per 3-4 giorni coperti da un telo pulito o in una campana per dolci.

NUGGETS DI CECI AL FORNO

Amanti dei ceci e delle polpette, questa è la ricetta che fa per voi: golosissimi* nuggets *impanati, croccanti e cotti al forno. In una parola: irresistibili.

In una ciotolina mescolate bene la farina di semi di lino con l'acqua e lasciate riposare per una decina di minuti, finché non si sarà formato un composto gelatinoso (la farina di semi di lino potete prepararla facilmente in casa frullando dei semi di lino fino a ottenere una farina fine).

Nel tritatutto frullate i fiocchi d'avena fino a ottenere una farina, poi aggiungete i ceci, l'aquafaba, l'olio, sale, pepe e il composto di semi di lino e frullate nuovamente fino a ottenere un composto liscio e omogeneo.

Prelevate una pallina d'impasto (se fosse troppo morbido aggiungete 1-2 cucchiai di pangrattato per renderlo lavorabile con le mani) e formate una polpettina, passatela nel pangrattato per impanarla bene e disponetela su una teglia rivestita di carta da forno e leggermente unta. Una volta preparate tutte le polpette, conditele con un giro d'olio e infornatele a 180 °C per 10 minuti, poi giratele e proseguite la cottura per altri 15 minuti. Servite i *nuggets* ben caldi e croccanti, accompagnati magari da una maionese e da insalata.

Potete conservare i *nuggets* di ceci per 3 giorni in frigorifero, in un contenitore per alimenti.

PREPARAZIONE: *15 min.*
COTTURA: *24 min.*
PER *14* nuggets

INGREDIENTI:
260 g di ceci lessati,
110 g di fiocchi d'avena,
60 ml di aquafaba,
2 cucchiai di farina di semi di lino,
6 cucchiai di acqua,
2 cucchiai di olio extravergine di oliva,
pangrattato,
sale e pepe

STRUMENTI:
mixer

O!

Per renderli ancora più saporiti aggiungete all'impasto un po' di lievito alimentare o un cucchiaino di rosmarino tritato.

PANINO CON BURGER SENZA COTTURA

PREPARAZIONE: *10 min.*
COTTURA: -
PER *2 persone*

INGREDIENTI:
230 g di fagioli rossi lessati,
170 g di tofu affumicato,
1 cucchiaio di rosmarino tritato,
1-2 cucchiai di pangrattato,
1/2 cucchiaino di paprica,
25 g di olio extravergine di oliva,
6 panini,
1 pomodoro,
insalata,
maionese senza uova,
sale

STRUMENTI:
mixer

O!

Per un tocco di sapore più forte aggiungete mezzo cucchiaino di senape all'impasto di questi burger.

Ecco dei burger perfetti: si frullano tutti gli ingredienti, si dà una forma al composto, si assembla il panino e sono pronti per essere addentati.

Come prima cosa tagliate a cubetti il tofu affumicato; versatelo nel tritatutto insieme ai fagioli rossi, al rosmarino, alla paprica, a sale e olio e frullate fino a ottenere un composto abbastanza omogeneo.

Trasferitelo in una ciotola e aggiungete pangrattato, un cucchiaio alla volta, fino a ottenere un impasto morbido e lavorabile, ma non appiccicoso.

Dividete l'impasto in 6 parti e con ciascuna formate un burger non troppo spesso. Tagliate ciascun panino a metà e farcitelo con uno strato di maionese, un burger, qualche fetta di pomodoro e foglie di insalata. Richiudete il panino: il vostro burger è pronto per essere gustato.

Una volta che sono assemblati vi consigliamo di consumare i panini in giornata, conservandoli nel frattempo avvolti nell'alluminio per alimenti. I burger da soli, invece, possono essere conservati per 3 giorni in frigorifero, in un contenitore per alimenti.

POLPETTE DI TOFU, POMODORI SECCHI E OLIVE NERE

Un concentrato di erbe e profumi mediterranei.

Innanzitutto asciugate e pressate bene il tofu per cercare di eliminare quanta più acqua possibile: strizzatelo pure con le mani e non preoccupatevi se si spacca o si sbriciola, tanto poi dovrà essere frullato. Sciacquate i capperi per rimuovere il sale.

Riunite in un robot da cucina il tofu, i pomodori secchi, le olive, i capperi e le erbe aromatiche e date una prima frullata per sminuzzare tutti gli ingredienti. Aggiungete poi l'amido di mais, l'olio di conservazione dei pomodori secchi, una spolverizzata di pepe e, solo se serve, un pizzico di sale. Frullate di nuovo il tutto fino a ottenere un composto omogeneo. Trasferite il tutto in una ciotola e, se necessario, aggiungete uno o più cucchiai di pangrattato fino a raggiungere una consistenza che permetta all'impasto di stare insieme ed essere modellato.

In una ciotolina mescolate un paio di cucchiai di pangrattato con un cucchiaino d'olio. Prelevate una cucchiaiata di impasto e formate una polpettina grande quanto una noce. Passatela nel pangrattato all'olio e disponetela sulla leccarda foderata di carta da forno. Ripetete l'operazione fino a esaurire l'impasto.

Infornate a 200 °C in forno statico per 20 minuti o fino a quando le polpette raggiungeranno il grado di doratura desiderato. Lasciatele intiepidire leggermente e poi servitele.

Si conservano per 3 giorni in frigorifero, ma possono anche essere congelate da cotte.

PREPARAZIONE: *15 min.*
COTTURA: *20 min.*
PER *12 polpette*

INGREDIENTI:
150 g di tofu in panetto,
10-12 olive nere,
3-4 pomodori secchi sottolio + 2 cucchiai del loro olio di conservazione,
2 cucchiai di capperi,
origano,
maggiorana,
menta,
15 g di amido di mais,
sale e pepe,
pangrattato,
olio extravergine di oliva

STRUMENTI:
robot da cucina

O!

Per una panatura più croccante potete sostituire il pangrattato con della farina di mais fioretto.

VEGAN E ZERO WASTE: CONSIGLI PRATICI PER INIZIARE

***Fra i tantissimi vantaggi dell'alimentazione a base vegetale, come abbiamo visto nelle primissime pagine di questo libro, c'è anche quello ecologico. L'impatto dell'alimentazione vegana sull'ambiente è minore di qualsiasi altra forma di alimentazione, così come confermato da uno studio realizzato dall'Università di Oxford e pubblicato sulla rivista "Science" nel 2018 dal titolo* Reducing food's environmental impacts through producers and consumers.**

Se l'alimentazione è un passo molto importante da fare, non possiamo ignorare che anche i nostri comportamenti da consumatori e le scelte che compiamo ogni giorno con il nostro stile di vita incidono profondamente sull'ambiente intorno a noi.

Ecco perché quella che viene definita filosofia dello "Zero Waste" si sposa perfettamente e in modo altamente coerente con le scelte alimentari vegane. In particolare, questo approccio ai consumi passa attraverso quattro comportamenti principali.

- **Ridurre:** diminuire gli oggetti che usiamo, comprare solo quello che ci è davvero necessario. Ogni acquisto potenzialmente genera un rifiuto che andrà smaltito, quindi pensiamoci su almeno 3 volte prima di procedere.

- **Rifiutare:** imparare a dire no agli oggetti che non servono, come volantini, penne regalo, biglietti da visita, o ogni cosa che sappiamo che non ci servirà e che genererà un rifiuto.

- **Riusare:** trovare un modo per riutilizzare oggetti che abbiamo già comprato, magari modificandoli con le nostre mani, e fare in modo che ci tornino nuovamente utili.

- **Riciclare:** si tratta di un'azione che non deve essere considerata come la soluzione, bensì come l'ultima possibilità se proprio non riusciamo a non generare un rifiuto.

Oggetto principale di attenzione da parte di chi vuole davvero svolgere il proprio, fondamentale, ruolo nella gestione dell'impatto che ha sull'ambiente circostante, è l'uso che facciamo di un materiale in particolare: la plastica. Generata dalla lavorazione del petrolio e quindi di una fonte pienamente naturale ma non rinnovabile, la plastica viene utilizzata nella maggior parte dei casi per realizzare oggetti usa e getta, eppure è il materiale meno ecocompatibile che esista. Solo una piccola percentuale di quella che ricicliamo (ossia gli imballaggi più grandi di 5-6 centimetri) viene avviata ai processi di riciclo. Molte tipologie di plastica (pensiamo a quella per

costruire i giocattoli, per esempio) non sono riciclabili. Lo smaltimento di questo materiale, quando finisce in natura (nel terreno o nei mari), non esiste: quando, dopo centinaia di anni, si disintegra, si divide solamente in migliaia di particelle che rimangono con le loro componenti tossiche nel terreno e nell'acqua creando danni irreparabili alla biodiversità.
Una delle soluzioni principali sta nei consumi e nelle scelte che compiamo quando spendiamo i nostri soldi, esprimendo in questo modo così diretto il nostro "voto" a questa o quella azienda, a questo o quell'oggetto.

Iniziamo da noi, perché se vi hanno raccontato che le azioni dei singoli non contano, ricordatevi sempre che la società è fatta di individui e sono le azioni di questi ultimi a generare "il sistema".

Come iniziare? Con gesti semplici ma dall'impatto enorme.

USIAMO UNA BORRACCIA PER BERE FUORI CASA

Dopo il Messico, l'Italia è il Paese che consuma più acqua in bottiglia nel mondo. Il primo passo in assoluto per cercare di dire addio alla plastica è bere acqua del rubinetto sia in casa che fuori casa. In questo secondo caso lo strumento da procurarsi è una borraccia in acciaio (riutilizzabile all'infinito, stando attenti a evitare, se possibile, quelle con il tappo di plastica) oppure una bottiglia di vetro con il tappo (le potete anche recuperare, dopo averle lavate ben bene, da un succo di frutta o da una passata di pomodoro). Se l'acqua della vostra zona non è buona potete optare per l'acquisto di acqua in bottiglie di vetro con vuoti a rendere e riempire la vostra borraccia con quella. In alcune città d'Italia sono anche presenti le case dell'acqua, stazioni di erogazione che forniscono gratuitamente anche acqua gassata.

COMPERIAMO SFUSO TUTTO QUELLO CHE POSSIAMO

È più facile di quanto non sembri, abituati come siamo ai supermercati dove il 90% dei prodotti viene venduto in pack più o meno riciclabili. Il primo passo è tornare a fare la spesa al mercato, portando con sé borse di stoffa, sacchetti per la verdura e la frutta e barattoli di vetro per acquistare frutta secca, essiccata, olive, farine e legumi.
Ovviamente, vanno bene anche i sacchetti di carta che solitamente vengono forniti dai venditori, ma ricordiamoci che meno rifiuti generiamo, meglio è. Potete realizzare i sacchetti per i prodotti anche voi stessi, con del tessuto in cotone, ma in alcuni negozi e online è possibile comprare sacchetti traspiranti adatti agli alimenti. In moltissime città italiane, inoltre,

esistono negozi dedicati ai prodotti sfusi: dalle farine alla pasta, passando per spezie, detersivi e sapone. Cerchiamoli online e troviamo quello più vicino a noi. Nella maggior parte dei casi i prezzi al chilo sono leggermente più convenienti, dato che il costo dell'imballaggio non viene ricaricato sul prodotto, come accade per i prodotti "classici" (costo che incide dal 15 al 60% sul prezzo finale).

SOSTITUIAMO PELLICOLA PER ALIMENTI E ALLUMINIO PER CONSERVARE IL CIBO

Sono poche e facili le accortezze per evitare questi due oggetti, che sono fra i massimi simboli dell'usa e getta in cucina. Questi due prodotti in verità non servono davvero, dato che il cibo può essere conservato nei contenitori. Se ne avete già a casa, usateli, anche se sono di plastica, oppure riciclate i barattoli di vetro degli alimenti che acquistate (confetture, sughi ecc). Per rimuovere le etichette, se volete personalizzare i barattoli di vetro o semplicemente vedere bene che cosa c'è dentro, basta acqua calda per eliminare il grosso dei residui e poi un po' di olio e bicarbonato strofinati sulla parte collosa per eliminarla del tutto se risultasse un po' difficile da togliere. Anche il banalissimo piatto che copre la pentola con gli avanzi in frigorifero andrà benissimo.
Se volete in ogni caso avere un'alternativa simile alla pellicola per coprire piatti o avvolgere frutta o verdura avanzate, esistono in commercio dei fogli in tessuto trattati con cera vegetale che avvolgono perfettamente i cibi o fanno da coperchio a piatti e barattoli e possono essere lavati e riutilizzati infinite volte.

NIENTE PIÙ BUSTINE DI TÈ E TISANE O CIALDE USA E GETTA PER IL CAFFÈ

Tè, caffè e tisane, rito quotidiano per molti, si portano dietro un sacco di rifiuti che possiamo decidere di non produrre più in modo molto facile.
Per il tè, nella maggior parte dei casi quelle che acquistiamo sono confezioni realizzate in carta (materiale ad alto tasso di riciclabilità), ma spesso le bustine contengono della plastica e, in ogni caso, diventano un rifiuto dopo pochi minuti. Esiste un'alternativa davvero molto più ecologica, quindi usiamola: produrre meno rifiuti fa parte delle nuove regole della vostra routine. Potete acquistare degli infusori per il tè in acciaio e usarne uno per il tè e uno per le tisane, nel caso non vogliate "mescolare" eventuali residui. Ne esistono di bellissimi, sia con la "palla" bucherellata e una catenella, sia a "pinza", sempre in metallo. Fra l'altro, gli infusori a pinza diventano anche degli ottimi "spargi zucchero a velo": doppio uso, un solo strumento. Ulteriore alternativa, adatta a chi anche in viaggio o al lavoro non vuole rinunciare a una tazza di tè caldo, sono le borracce con infusore incorporato: mantengono sia il caldo che il freddo, sono lavabili e riutilizzabili all'infinito.
Il tè e le tisane sfusi sono molto facili da trovare nei negozi specializzati nella vendita di questi prodotti, nelle erboristerie e in alcuni negozi "alla spina". In alternativa, nella grande distribuzione è possibile trovare tè e tisane in barattoli in latta: la quantità è maggiore (e spesso anche la qualità è migliore), l'usa e getta viene scongiurato e in più il barattolo lo potrete riutilizzare per altro tè sfuso oppure per conservare frutta secca o piccoli biscotti.

Passiamo al caffè. Solo in Italia, su circa un miliardo di capsule vendute all'anno, 12.000 tonnellate non sono smaltite correttamente, finendo in discariche e inceneritori. Una vera follia. Infatti le cialde di alluminio non sono un rifiuto facilmente riciclabile: andrebbero pulite dopo l'uso, il caffè rimasto andrebbe gettato nell'organico e l'alluminio nel contenitore dedicato, operazione che in pochissimi fanno. La soluzione comoda, se avete la macchinetta, c'è: si tratta di capsule in acciaio, compatibili con le principali marche di macchine per il caffè, che si riempiono con il caffè in polvere che più amate, si lavano e si riutilizzano. Altrimenti la classica moka è la soluzione più ecologica e, volendo, il caffè in chicchi da macinare si può comprare sfuso. Esistono anche le capsule biodegradabili, anche se non sono sempre facilissime da trovare.

SPUGNE, TOVAGLIOLI E PANNI USA E GETTA: SI CAMBIA ROTTA

Le spugne per i piatti o i panni in microfibra sono per la maggior parte derivati dalla lavorazione della plastica, e non solo diventano un rifiuto non riciclabile, ma rilasciano negli scarichi particelle che finiscono irrimediabilmente nelle nostre acque, perché i filtraggi spesso non sono in grado di trattenerle. Come fare? Usare delle alternative vegetali. Avete mai sentito nominare la luffa? È un vegetale, parente di zucca e zucchine, che una volta essiccato si trasforma magicamente in una trama resistente che può essere usata come spugna per i piatti (ma anche per il corpo o il viso, senza problemi). Contrariamente a quelle classiche, è completamente biodegradabile ed è molto funzionale. Si trova facilmente nei negozi che vedono prodotti biologici, nei negozi che vendono alla spina oppure online. Esistono anche altre alternative, come le spazzole in legno per i piatti con il manico fisso e una spazzolina intercambiabile, oppure le spugne per i piatti in fibra di bambù.

Per i panni carta usa e getta la soluzione è utilizzare le alternative lavabili in bambù o stracci in cotone da lavare. Per i tovaglioli, la musica è la stessa: quelli di stoffa sono un'alternativa intelligente a quelli di carta che, se colorati o trattati chimicamente, non possono essere buttati nell'umido ma vanno nell'indifferenziato. Detto questo, la maggior parte delle volte li buttiamo dopo averli usati poco (e dopo averli comprati avvolti in confezioni di plastica). Se non avete tovaglioli di stoffa in casa, è facilissimo realizzarli con vecchie lenzuola di cotone (basta fare l'orlo, anche a mano, e decidere la dimensione), recuperarli dalle case dei genitori o dei nonni (ne hanno sempre più di quanti ne usino davvero) oppure comprarli per pochi euro. Uno spreco in meno, un risparmio di soldi e una scelta anche esteticamente valida per la tavola. Inoltre sono perfetti anche fuori casa: portatevene uno in borsa per il panino al volo o quando vi fermate per un caffè o un tè al bar.

Questi sono piccoli spunti, ma se inizierete a guardarvi attorno con occhio critico vi renderete conto che ci sono moltissimi oggetti di plastica per i quali esistono numerose alternative ecologiche: dallo spazzolino da denti al dentifricio, passando per lo shampoo e il balsamo. Ci siamo soffermati volutamente solo sull'aspetto legato alla cucina, ma vi diamo appuntamento sul nostro magazine online per scoprire altri modi per rendere la vostra vita più leggera, sostenibile e facile!

BIBLIOGRAFIA E SITOGRAFIA

6

Libri e siti da leggere e consultare
per approfondire tutti i temi legati alla cucina
e alla cultura veg

ETICA E STORIA

Roberto Marchesini, *Etologia filosofica. Alla ricerca della soggettività animale*, Mimesis, 2016

Jean-Christophe Bailly, *Il partito preso degli animali*, Nottetempo, 2015

A cura di G. Bormolini, L. Lorenzetti, P. Trianni, *Il grido della creazione. Spunti biblici e teologici per un'etica cristiana vegetariana*, Lindau, 2015

Martina Donati, *Keep calm e diventa vegano*, Newton & Compton, 2015

Pietro Leemann, *Il sale della vita: un cuoco vegetariano alla ricerca della verità*, Mondadori, 2015

Jeffrey Moussaieff Masson, *Le bestie siamo noi*, Edizioni Sonda, 2015

Jeffrey Moussaieff Masson, *Il maiale che cantava alla luna. La vita emotiva degli animali da fattoria*, Edizioni Sonda, 2014

Leonardo Caffo, *Il maiale non fa la rivoluzione. Manifesto per un antispecismo debole*, Edizioni Sonda, 2013

Felice Cimatti, *Filosofia dell'animalità*, Laterza, 2013

Rosa Luxembourg, *Un po' di compassione*, Gli Adelphi, 2013

Charles Darwin, *L'espressione delle emozioni nell'uomo e negli animali*, Bollati Boringhieri, 2012

Karen Duve, *Il giorno in cui decisi di diventare una persona migliore*, Neri Pozza, 2012

Lorenzo Guadagnucci, *Restiamo animali. Vivere vegan è una questione di giustizia*, Terre di Mezzo, 2012

Melanie Joy, *Perché amiamo i cani, mangiamo i maiali e indossiamo le mucche*, Sonda, 2012

Margherita Hack, *Perché sono vegetariana*, Edizioni dell'Altala, 2011

Stefano Momenté, *Il veganesimo*, Xenia, 2011

Jonathan Safran Foer, *Se niente importa. Perché mangiamo gli animali?*, Guanda, 2010

Lev Tolstoj, *Il primo gradino*. Originariamente in "The Ethics of Diet" da Howard Williams, White Crow Books, 2010. Pubblicato in Italia in *Contro la caccia e il mangiar carne* di Lev Tolstoj, Vanda epublishing

Annamaria Manzoni, *In direzione contraria. Pensieri, parole e passioni dalla parte degli animali*, Edizioni Sonda, 2009

Jeffrey Moussaieff Masson, *Chi c'è nel tuo piatto? Tutta la verità su quello che mangi*, Cairo Editore, 2009

Marc Bekoff, Jessica Pierce, *L'intelligenza morale degli animali*, Baldini e Castoldi, 2009

Erica Joy Mannucci, *La cena di Pitagora. Storia del vegetarismo dall'antica Grecia a Internet*, Carocci, 2008

Jim Mason, *Un mondo sbagliato. Storia della distruzione della natura, degli animali e dell'umanità*, Edizioni Sonda, 2007

Jeffrey Moussaieff Masson, *Il regno dell'armonia*, Marco Tropea, 2007

Amedeo Vigorelli, *L'animale eccentrico. Dall'antropologia filosofica all'etica comunitaria*, Guerini Studio, 2007

Massimo Montanari, *Il cibo come cultura*, Editori Laterza, 2006

Valerio Pocar, *Gli animali non umani. Per una sociologia dei diritti*, Laterza, 2005

Tom Regan, *Gabbie vuote*, Edizioni Sonda, 2005

Giuseppe Barreca, *Animali non umani: responsabilità e diritti*, Edizioni Unicopli, 2003

Charles Patterson, *Un'eterna Treblinka. Il massacro degli animali e l'olocausto*, Eir, 2002

Plutarco, *Del mangiar carne*, Gli Adelphi, 2001

John Maxwell Coetzee, *La vita degli animali*, Gli Adelphi, 1999

Jeffrey Moussaieff Masson, *Quando gli elefanti piangono. Sentimenti ed emozioni nella vita degli animali*, Baldini & Castoldi, 1997

James Rachels, *Creati dagli animali. Implicazioni morali del darwinismo*, Edizioni di Comunità, 1996

Peter Singer, *Liberazione animale. Manifesto di un movimento diffuso in tutto il mondo*, Il Saggiatore, 1975

AMBIENTE

Jérémie Pichon, Bénédicte Moret, *La famiglia zero rifiuti (o quasi)*, Edizioni Sonda, 2018

Bea Johnson, *Zero rifiuti in casa. 100 astuzie per alleggerirsi la vita e risparmiare*, Logart Press 2017

Philip Lymbery, Isabel Oakeshott, *Farmageddon*, Nutrimenti, 2015

Dora Grieco, Laura Mencherini, *Guida al vivere vegan*, Terra Nuova Edizioni, 2013

Michael Pollan, *Il dilemma dell'onnivoro*, Gli Adelphi, 2013

Michael Pollan, *Breviario di resistenza alimentare. 64 regole per mangiare bene*, Bur, 2011

Jeremy Rifkin, *La civiltà dell'empatia. La corsa verso la coscienza globale nel mondo in crisi*, Mondadori, 2010

Michael Pollan, *In difesa del cibo*, Gli Adelphi, 2009

Peter Singer, Jim Mason, *Come mangiamo. Le conseguenze etiche delle nostre scelte alimentari*, Il Saggiatore, 2006

Jeremy Rifkin, *Ecocidio*, Mondadori, 2002

SALUTE

Luciana Baroni, S. Goggi, M. Battino, *Planning Well-Balanced Vegetarian Diets in Infants, Children, and Adolescents: The VegPlate Junior*, J Acad Nutr Diet. 2018 Aug 30.b

Luciana Baroni, S. Goggi, R. Battaglino, M. Berveglieri, I. Fasan, D. Filippin, P. Griffith, G. Rizzo, C. Tomasini, M. Tosatti, M. Battino, *Vegan Nutrition for Mothers and Children: Practical Tools for Healthcare Providers*, Nutrients, 2018 Dec 20;11(1)

Luciana Baroni, S. Goggi, M. Battino, *VegPlate: A Mediterranean-Based Food Guide for Italian Adult, Pregnant, and Lactating Vegetarians*, J Acad Nutr Diet. 2018 Dec;118(12):2235-2243

Claudia Agnoli, L. Baroni, I. Bertini, S. Ciappellano, A. Fabbri, M. Papa, N. Pellegrini, R. Sbarbati, ML. Scarino, V. Siani, S. Sieri, *Position paper on vegetarian diets from the working group of the Italian Society of Human Nutrition*, Nutr Metab Cardiovasc Dis. 2017 Dec;27(12):1037-1052

Luciana Baroni, *Il piatto veg. La nuova dieta degli italiani*, Edizioni Sonda, 2015

Luciana Baroni, Ilaria Fasan, Roberto Fraioli, *Il piatto veg mamy. La dieta vegetariana per la mamma e il suo piccolo*, Edizioni Sonda, 2015

Dario Bressanini, *Contro natura. Dagli OGM al "bio", falsi allarmi e verità nascoste del cibo che portiamo in tavola*, Rizzoli, 2015

Rosanna Gosamo, *Meglio crudo*, Edizioni Sonda, 2014

Michael Moss, *Grassi, dolci, salati. Come l'industria alimentare ci ha ingannato e continua a farlo*, Mondadori, 2014

Luciano Proietti, *Figli vegetariani. Come allevare i figli dall'infanzia all'adolescenza con la dieta vegetariana e vegana*, Edizioni Sonda 2014

Arnold Ehret, *La dieta senza muco oggi*, Edizioni dell'Acquario, 2013

Leonardo Pinelli, Ilaria Fasan, Luciana Baroni, *Veg Pyramid junior. La dieta vegetariana per i bambini e gli adolescenti*, Edizioni Sonda, 2012

Gaspare delle Piane, *Cucina di strettissimo magro*, Edizioni Il Golfo, 2011

Umberto Veronesi, *La scelta vegetariana*, Giunti, 2011

Felicity Lawrence, *Non c'è sull'etichetta. Quello che mangiamo senza saperlo*, Einaudi, 2005

Eric Schlosser, *Fast food nation. Il lato oscuro del cheeseburger globale*, Il Saggiatore, 2001

SITOGRAFIA

agireora.org *Network animalista che si occupa in particolare di produzione e divulgazione di materiali informativi di qualità.*

animalequality.it *Organizzazione internazionale per i diritti degli animali, che lavora per prevenire la crudeltà nei confronti di tutti gli animali.*

barnivore.com *Sito in inglese che raccoglie le schede prodotto di oltre 20.000 fra vini, liquori e birre con indicazione sui loro ingredienti di origine animale.*

biodizionario.it *Sito che elenca i componenti chimici dei prodotti, anche cosmetici, e che permette, grazie a un semaforo verde o rosso, di capire se sono adatti o meno per i vegani.*

cowspiracy.com *Sito del documentario americano che svela al mondo il prezzo della carne per l'ambiente.*

essereanimali.org *Associazione no-profit che con azioni, inchieste e informazioni punta a superare tutte le forme di sfruttamento nei confronti degli animali.*

food-info.net *Sito che offre informazioni riguardanti alimenti, additivi (con l'indicazione di tutte le sigle), ingredienti; informa anche sugli alimenti adatti per vegetariani e vegani.*

genitoriveg.com *Sito che raccoglie importanti informazioni sul tema della genitorialità vegetariana e vegana nonché consigli, spunti ed e-book gratuiti da scaricare.*

onegreenplanet.org *Sito ambientalista che si occupa di animali, ricette e temi ambientali in genere.*

peta.org/living/beauty/animal-ingredients-list *Pagina del sito della Peta che raccoglie l'elenco degli ingredienti di cosmetici, cibo e prodotti in generale di origine animale.*

piattoveg.info *Sito in cui si danno informazioni per impostare un'alimentazione ottimale per la salute basata sui cibi vegetali.*

reducetarian.org *Il sito che spiega il progetto della scelta reducetariana.*

scienzavegetariana.it *Uno dei massimi punti di riferimento nel campo veg per la salute.*

sinu.it *Società Italiana di Nutrizione Umana.*

vegnews.com *Vegan lifestyle magazine con sezione news, cibo e viaggi.*

vegolosi.it *Il nostro magazine con aggiornamenti quotidiani. Notizie dall'Italia e dal mondo, interviste, ricette, video, guide pratiche.*

FILMOGRAFIA

An inconvenient truth, di Davis Guggenheim (Documentario, USA 2006)

Cowspiracy, di Kip Andersen e Keegan Kuhn (Documentario, USA 2014)

Dominion, di Chris Delforce (Documentario, Australia 2018)

Earthlings, di Shaun Monson (Documentario, USA 2005)

Fast Food Nation, di Richard Linklater (Documentario, USA 2006)

Food, Inc., di Robert Kenner (Documentario, USA 2008)

Food ReLOVution, di Thomas Torelli (Documentario, Italia 2017)

Forks over Knife, di Lee Fulkerson (Documentario, USA 2011)

H.O.P.E.: What You Eat Matters, di Nina Messinger (Documentario, Germania 2016)

Meat the Truth, di Nicolaas G. Pierson Foundation (Documentario, Olanda 2007)

Okja, di Bong Joon-ho (Drammatico, USA e Corea del Sud 2017)

INDICE